公共图书馆资源建设与阅读推广

杨 新 著

中国商务出版社

·北京·

图书在版编目（CIP）数据

公共图书馆资源建设与阅读推广 / 杨新著. — 北京：
中国商务出版社，2023.12

ISBN 978-7-5103-4889-1

Ⅰ．①公… Ⅱ．①杨… Ⅲ．①公共图书馆－文献资源
建设－研究②公共图书馆－读书活动－研究 Ⅳ.
①G258.2②G252.17

中国国家版本馆CIP数据核字(2023)第210529号

公共图书馆资源建设与阅读推广

GONGGONG TUSHUGUAN ZIYUAN JIANSHE YU YUEDU TUIGUANG

杨新　著

出　　版：中国商务出版社
地　　址：北京市东城区安外东后巷28号　　　　邮　编：100710
责任部门：发展事业部（010-64218072）
责任编辑：孟宪鑫
直销客服：010-64515210
总 发 行：中国商务出版社发行部 （010-64208388　64515150）
网购零售：中国商务出版社淘宝店 （010-64286917）
网　　址：http://www.cctpress.com
网　　店：https://shop595663922.taobao.com
邮　　箱：295402859@qq.com
排　　版：旧雨出版
印　　刷：三河市悦鑫印务有限公司
开　　本：710毫米×1000 毫米 1/16
印　　张：12　　　　　　　　　　　　字　数：205千字
版　　次：2024年3月第1版　　　　　　印　次：2024年3月第1次印刷
书　　号：ISBN 978-7-5103-4889-1
定　　价：79.00元

前　言

中华民族崇尚读书，自古就有"耕读传家"的优良传统。阅读不仅是千百年流传下来的家风传统，全民阅读更上升为事关国家发展和进步的重要战略。自 2014 年以来，全民阅读已连续 10 年被写入政府工作报告。2021年，《中华人民共和国国民经济和社会发展第十四个五年规划和 2035 年远景目标纲要》明确提出"深入推进全民阅读，建设书香中国"。

在新时代全民阅读背景下，我国文化发展步伐不断加快。全国公共图书馆建设取得积极进展，公共图书馆设施网络体系不断完善，图书藏量不断增加，公共服务法律体系更加完善。全民阅读推广活动丰富开展，全国公共图书馆服务效能稳步提升。随着全民阅读活动的推广，图书馆作为文化和知识的宝库，其重要性日益凸显。图书馆不仅可以收藏大量的书籍、文献和资料，还可以提供一个良好的学习环境，为人们提供了获取知识和信息的途径。然而，在信息时代，图书馆如何适应新的形势，如何有效地进行资源建设和管理，如何更好地为读者服务，成为图书馆专业管理人员必须要面对和解决的问题。本书旨在探讨图书馆资源建设和管理的问题，以期为图书馆事业的发展提供一些有益的思路和建议。

本书共分七章，第一章对图书馆的概念、图书馆资源的内涵、类型与目标进行了概述；第二章对公共图书馆资源建设标准与服务标准进行研究，对现阶段建立资源建设标准与服务标准的必要性及目标、资源建设标准与服务标准的类型、公共图书馆的信息资源建设标准、公共图书馆的服务标准进行分析；第三章对公共图书馆文献资源规划与设计、公共图书馆文献资源选择与采访、特色馆藏文献资源建设、馆藏文献资源的评价等方面进行论述；第四章主要介绍了人力资源的内涵、规划与配置，以及人力资源管理的发展趋势；第五章简述了图书馆文化的兴起及本质，对图书馆的结构进行了分析，并对图书馆的文化塑造与建设、创新探索等方面进行了论述；第六章概述了图书馆基本服务认识与介绍、图书馆服务体系的兴起与发展、资源应用与推广的主要内容及特征，以及图书馆基本服务认识与介绍给当前资源应用与推广带来的影响；第七章对阅读推广内涵、民间阅读力量以及阅读联盟的推广做了阐述。

本书在写作过程中借鉴了众多专家学者的研究成果，在此表示诚挚的感谢。由于作者水平有限，书中所涉及的内容、观点难免存在疏漏与不严谨之处，敬请广大读者予以批评指正。

目　录

第一章 图书馆与图书馆资源

第一节 图书馆的概念认识

在现代信息技术强势影响下，图书馆界不时响起诸如"消亡论""萎缩论"等声音。因而，重新定位新时期图书馆的概念、价值、形态与功能，无论对事业发展还是对学科建设都显得十分重要。早在世纪之交，我国台湾图书馆学家胡述兆先生就在海峡两岸发起了关于图书馆定义的讨论，他认为传统图书馆的定义已经失去时宜，不符资讯社会需要，并提出图书馆是为资讯建立检索点并为使用者提供服务的机构。此后，图书馆概念成为一个常议常新的话题，许多学者为揭示图书馆的概念本质及其核心价值做出了必要的探索。我们要探讨图书馆的新形态与新功能，不妨首先对图书馆的概念进行界定。

一、图书馆经典定义的知识属性

在传统的图书馆概念中，图书馆是一个集文献收集、加工、整理、典藏与借阅等功能于一体的机构。《中国大百科全书》将图书馆定义为收集、整理和保存文献资料并向读者提供利用的科学、文化、教育机构；《图书馆学情报学大辞典》则将其阐述为通过文献收集、整理、存储与利用，为一定社会读者服务的文化科学教育机构。从这两个经典定义不难得出传统图书馆定义的三大要点：一是文献集散——收集、利用与服务。二是文献序化——加工、整理与保存（存储）。三是主体定性——文化、科学与教育机构。在工业社会转向信息社会乃至知识社会的变革时期，传统图书馆概念逐渐显现出诸多不合时宜之处。首先，传统定义强调基于文献流的业务工作流程，而新形态图书馆正在进行基于知识流的业务流程重组；其次，传统定义强调实体文献的管理，而新形态图书馆的虚拟文献数量急剧增多；再次，传统定义强调实体文献的服务，而新形态图书馆的隐形知识服务备受重视；最后，传统定义强调图书馆是一个实体机构，而新形态图书馆既可以是一座大厦又可以是一个界面。

任何概念都具有基于内在实质的传承性，尽管传统图书馆的经典定义亟待改进，但其充分体现了图书馆本源性的知识属性。我国国家标准《文献著录总则》明确指出，文献是指记录有知识的一切载体。读者的文献需求实际上就是知识需求，图书馆的文献供给实际上就是知识供给。当然，图书馆知识管理既包含实体文献等显性知识的管理，又涉及馆员、用户、专家、学者等隐性知识的管理。馆藏资源的表象虽然是实体文献、数字文献乃至"真人"馆藏等，但其实质是人类共有共享的知识资源。无论馆藏文献的内涵如何变化，都改变不了其本质就是"知识"。由此可见，图书馆的经典定义真实地体现了其知识属性，文献集散实际上就是知识集散，文献序化实际上就是知识序化。

二、图书馆是一个知识集散组织

图书馆是一个知识聚集与扩散的组织，即通过馆藏文献集散来实现知识集散。人类能够超脱动物界而踏上文明之旅，显然离不开知识的生产、传播与利用。知识创新（生产）与知识积淀（利用）互为因果，并通过传播不断推动人类文明进步。图书馆作为知识集散组织是，在人类知识生产、传播、积淀与利用的过程中发挥着不可缺失的重要作用。图书馆相当于文献知识仓库，一方面文献生产之后源源不断地在图书馆累积，另一方面馆藏文献通过借阅持续不断地传播知识。正如《图书馆学概论》所说，图书馆的本质属性是中介性，即文献通过图书馆与读者见面，读者通过图书馆与文献建立联系，图书馆是人类社会文献交流的中介物，在其文献集散的表象之下隐藏着知识集散的本质。因此，许多专家学者明确主张图书馆具有知识集合与知识传播的基本任务。

图书馆一直担当促进社会发展的知识集散重任。知识交流论将图书馆活动视为人类社会的知识交流，因而反映了图书馆的知识集散功能。知识交流论认为图书馆不仅从事"文献"等显性知识集散业务，而且开展"人"等隐性知识集散活动。例如，图书馆既可以通过诸如讲座、研讨会、主题活动等形式促进读者之间的知识交流，又可以通过为活动提供文献线索来连接知识与读者。

三、图书馆是一个知识序化组织

文献知识无序生产、流动与分布，必然造成文献知识供给的不确定性，即人们特定知识需求的确定性与社会海量知识供给的不确定性之间必然存在矛盾。同样，大量而无序的知识，只不过是人们无法利用的垃圾。因此，图书馆作为知识集散组织，必然承担知识序化的职能。馆藏知识资源只有经过序化，图书馆才能有针对性地采集知识，并为用户提供知识。图书馆传统文献组织实际上是知识组织，即通过对文献的登记、分类、标引、著录、典藏、排架等工作来实现文献知识的序化。分类法和主题法是知识组织的两大工具，当然也是图书馆知识序化的两大法宝。图书馆内部活动的实质是知识组织，而知识组织的主旨则是知识序化。图书馆文献整序的本质就是知识整序，即将文献整序从而转化为序化知识集合。

在复合型图书馆、数字图书馆、移动图书馆时代，图书馆知识序化组织的功能与职责更加重要。蒋永福教授指出，对"文献流—知识流"进行整序性组织是图书馆的基本职能，知识组织是指为促进或实现主观知识客观化和客观知识主观化而对知识客体所进行的诸如整理、加工、引导、揭示、控制等一系列组织化过程及其方法。图书馆如果失去知识整序职能，那么其知识集散职能就无从谈起，进而其存在的社会价值就会发生动摇。随着数字技术与网络技术的快速发展，图书馆知识资源自动分类、聚类、标引、挖掘等整序方法将会得到长足发展，其知识导航、知识推送、智能检索等个性化、人性化的知识服务也将会大有发展。图书馆可以通过知识集散发挥社会价值，并依靠知识序化实现自我增值。

四、图书馆是一个公益性组织

自人类社会产生以来，知识生产、收集、整理、保管与利用等工作必然存在，于是就孕育了原始形态图书馆生存的土壤。最初的图书馆馆员是依附部落首领或统治集团的史官，这些史官从事着亦私亦公的文献知识记录、保管与利用等职责，既为特定个体的"私人"服务，又为特定群体的"集体"服务。随后出现的官府图书馆、寺观图书馆、书院图书馆在很大程度上表现了"群体""局部"的公益性，只不过由于当时读者群体少、知识传播慢、交通不便等原因而掩饰了图书馆的"公益性"。即使是私人图书馆也表现出家族共享的"公益性"，那种纯粹的"只藏不用"的视藏书为珍贵收藏品的私人图书馆并非主流。近现代公共图书馆坚持面向所有公众，秉承无差别服务的崇高理念，高度体现图书馆"公益性"服务的基本原则。不管图书馆的具体形态如何改变，图书馆"公益性"的知识序化与集散功能总是一脉相承。公共图书馆的公益性是指其不以经济利益为目的、追求社会效益、服务社会大众的特点，即针对社会文化与科学需求进行文献的采集、加工与收藏，面向公众提供服务，所提供的文献信息资源和服务可以由人们共同占有和享用，具有明显的利益公共性和社会性。公共知识是人类共有、共享的知识资源，它从根本上决定了图书馆（公共知识中心）的"公益性"。

公益性是图书馆的灵魂，没有公益性图书馆就会失去价值。从知识业务处理角度来看，现代信息技术模糊了图书馆与数据库企业的差别。其实，判断知识库组织是否为图书馆的标准，就是看它是否坚守了公益性的行业原则。例如，超星数字图书馆不是真正的图书馆，而是地地道道的数据供给商，因为一旦客户停止付费就不能开通数据服务。谷歌数字图书馆尽管承诺免费提供部分数据服务，但究其实质不过是为了打开市场的"倾销性"让利营销行为而已。谷歌一旦完成原始的知识积累而形成知识垄断，就会展现出追求超额利润的商业性。因此，公益性是图书馆的基本属性，一切脱离公益性原则的图书馆，都不是真正意义上的图书馆。尽管现代信息技术改变了知识聚集、存储、整序、传递与服务的方式，但新形态图书馆的本质跟人类社会既往的图书馆并无两样。这就是说，信息技术持续改变图书馆形态及其业务，但绝对不会改变图书馆作为公益性主导的知识集散与知识序化的社会价值。

对图书馆本质及其定义，学术界进行了不懈的探索，并提出了许多颇有见解的阐述。我们通过分解图书馆的基本特质发现，不管图书馆的形态与功能如何变化，其知识集散、知识序化与公益性的根本性质都不会改变。综上所述，图书馆是一种公益性主导的知识序化与集散组织。

第二节　图书馆资源的内涵

一、图书馆资源的内涵

关于图书馆资源的内涵目前尚未有一个明确的说法，比较有代表性的观点有两种：一种观点认为图书馆资源是指为了资源利用而组织起来的信息集合，它实质是一种动态信息资源体系。另一种观点认为图书馆资源是各类资源组成的有机整体。本书认为讨论图书馆资源内涵应从分析其特性入手。

可用性。图书馆资源是为图书馆存在并被利用的，因而其具有可用性，任何资源如果失去了可用性，也就失去了存在的价值。

有序性。图书馆资源应是有序存在的资源，图书馆文献资源如果是无序的，它就无法被利用。那么图书馆人力资源是否具有有序性？本书认为其存在有序性，我们常说的人力资源整合即是对人力资源的整序，人力资源如果不进行整合，就无法发挥它的最大效用。同样，设施资源如果无序，也无法发挥其应有的作用。因此，图书馆资源的有序性决定了其作为资源存在的必要性。

整体性。整体性是指按一定方式构成的有机体系统各要素之间相互联系、相互制约的关系，体现出整体大于部分之和以及要素与系统的不可分性。图书馆资源各构成要素组成了一个整体，各要素之间是密不可分的，其整体发挥的效用要大于各要素的简单相加，也就是人们常说的"1+1>2"效应。

联系性。联系性是指系统的各组成要素之间具有相互作用、相互关联的关系。图书馆资源各要素之间相互依存、相互影响，这种关系决定了图书馆资源内部联系的特性。

动态性。动态性是指一个系统随着时间的推移及外部环境的变化，系统组成要素亦不断发展变化。图书馆资源的动态性决定了图书馆资源的不断发展变化，正如图书馆资源从产生之日发展到今日，其内涵和外延正逐步扩大一样。

从上述分析中，本书尝试对图书馆资源概念做如下定义：图书馆资源是指图书馆为了资源利用而组织起来的相互联系的多种资源的动态有机整体。可以看出，这个定义综合了前面所提的两种观点，并修正了个别不准确的用词，即第一种观点说图书馆资源是一种"信息集合"，不能准确包括图书馆各类资源，而第二种观点过于宽泛，表述不够精确。

二、图书馆资源的基本要素

企业资源观理论对资源的定义相当宽松，包括企业内部的所有资产，如能力、组织过程、公司属性、信息、知识等方面都可以是资源。对哪些资源可以成为企业的战略资源，企业资源观理论给出了以下条件要求："这种资源应该具有四个特性，即有价值的（Valuable）、稀少的（Rare）、难以模仿的（Imperfectly Imitable）、不可替代的（Non-substitutable）。"大资源观理论认为，"大资源由六个资源构成，包括自然资源、经济资源、文化资源、人力资源、政治资源和制度资源。六大资源及内部子资源之间相互作用、相互支持、相互补充、相互影响，形成强大的社会整体支撑力，推动经济、政治、文化和社会其他方面的综合发展"。分析企业资源观理论对资源的限定和大资源观理论的资源分类，结合图书馆的资源实际，本书认为，图书馆资源的基本要素主要有：文献资源、人力资源、技术方法资源、建筑资源、制度资源和文化资源六种。

（一）文献资源

从藏书到文献，从信息资源到知识集合，都是对图书馆中核心资源的表述，都带有鲜明的时代特点。根据"文献是记录有信息的一切载体"这一定义，文献的概念涵盖纸质资源、缩微资源、视听资源、数字资源和网络资源。1975 年国际图联在法国里昂召开了有关图书馆职能问题的科学讨论会，会议总结将现代图书馆的社会职能归纳为四种，包括保存人类文化遗产，开展社会教育，传递科学情报，开发智力资源。图书馆保存的人类文化遗产就是图书馆的文献资源，开展社会教育要以图书馆的文献资源为基础，科学情报的生产要以现有的文献资源为起点，智力资源的开发更要借助图书馆的文献资源。可以看出，图书馆的四项社会职能均是围绕图书馆的文献资源提出的，离开了图书馆的文献资源，图书馆将无法实现其职能，图书馆也就失去了存在的意义。从企业资源观理论对企业战略资源的规定条件来看，图书馆的文献资源具有战略资源的属性。首先，文献资源的价值毋庸置疑，它不仅是人类宝贵的文化遗产，而且在社会生产和生活中发挥着价值创造的作用。其次，相对人们无限的信息知识需求而言，图书馆的文献资源仍是稀少的。最后，图书馆作为人类最古老的信息机构，其长久的生命力正是来自图书馆文献资源的难以模仿性和不可替代性。图书馆的生存与发展离不开图书馆职能的发挥和图书馆战略资源的利用，图书馆的文献资源是图书馆资源系统中处于核心地位的资源要素。

（二）人力资源

图书馆的人力资源不仅包括图书馆员，也包括图书馆的领导与干部。总体而言，图书馆的人力资源分为领导层和业务层。领导层面向的是图书馆的宏观发展，业务层则面向图书馆的具体服务工作。图书馆功能的发挥离不开图书馆管理。从管理学的角度来看，图书馆管理包括人的管理和事务的管理两部分，其中人的管理为图书馆人力资源的管理。"我们的员工是我们最重要的资产"。许多组织都会用类似的语言来表达员工在组织中所起的重要作用。这些组织还认识到，所有的管理者都必须介入某些人力资源管理活动中，即便是在设立了专门的人力资源管理部门的大型组织中也是这样。人力资源管理是组织战略管理的一个重要工具，是建立组织优势的关键。

对图书馆而言，正是有了图书馆人力资源的存在，图书馆的文献才能成为资源。文献之成为资源，离不开对其进行开发的人。离开图书馆人力资源的开发，图书馆将成为一个文献的仓库，而不是现在可以创造价值、为生产生活服务的资源。图书馆人力资源的价值不仅体现在对文献资源的开发利用上，还体现在对其他图书馆资源要素的整合上。图书馆中的人是图书馆各项工作使用技术方法的发明者，是图书馆建筑设备的使用者，也是图书馆组织制度的执行者，还是图书馆文化的传播者，最重要的，是将图书馆的文献资源、技术方法资源、建筑设备资源、组织制度资源、文化资源融会贯通，带领图书馆不断向前发展的领导者。可以说，图书馆人力资源是图书馆资源系统中的重要资源要素。

（三）技术方法资源

当今社会是一个信息社会，其特点是：一方面，随着现代科学技术的迅速发展，各种媒体的文献信息急剧增加；另一方面，计算机技术与通信技术的结合使用，进一步加快了信息处理和传播的速度。与此同时，信息的生产以及信息资源的有效开发利用在社会发展中占据着越来越重要的位置，成为社会发展的关键因素之一。越来越多的人认识到，在信息爆炸的时代，原始信息本身并不能产生价值，只有将其加以有效地组织，才能产生价值。要使数量巨大、种类繁多的文献信息资源得到有效利用，就必须采用相应的文献控制方法进行处理和组织，而文献控制方法正是图书馆技术方法资源中的重要组成部分。

无论在国内还是在国外，文献控制方法都经历了长期的发展。从汉代刘向、刘歆编制的《七略》，到古代使用最久的四部分类法，我国目录学方法为我们留下了一笔丰富的文化遗产，并使我们在几千年之后还可以利用这笔财富。近代科学系统的细化和膨胀给我们利用文献进行科学研究带来了困难，而图书馆的分类法与主题法则在很大程度上解决了这个问题，对科学的发展做出了巨大的贡献。随着信息技术和网络的发展，人类的信息需求又一次实现了飞跃，而图书馆文献标引与检索技术的更新又一次对人类的信息需求做出了回应。纵观图书馆信息技术方法的发展历程，图书馆的技术方法一直是图书馆生存和发展的重要因素。图书馆的文献资源是图书馆资源系统的核心，图书馆文献资源的开发和利用离不开图书馆的人力资源，而开发图书馆的文献资源则要借助图书馆技术方法资源这一工具才能进行。因此，图书馆技术方法资源是图书馆资源系统的重要支柱。

（四）建筑资源

图书馆建筑与设备是图书馆重要的固定资产，这笔固定资产的合理开发和使用影响着图书馆功能的发挥。图书馆的造型应追随功能，而功能决定了其造型。现代图书馆的使用功能已日趋复杂多样，包括收集整理书刊资料、组织网络资源，提供借阅查检及参考咨询、文献传递和网络远程服务，开展社会教育、文化学术交流，以及其他文化、生活和休闲服务，将这些恰当地安排在一座或一组建筑物内并非易事。图书馆的造型可以五花八门，而优秀的建筑总是遵循"造型追随功能"的原则，从内到外，由内容决定形式。另外，图书馆的建筑设计和设备使用还与图书馆的可持续发展息息相关。

图书馆建筑的可持续发展首先要以满足图书馆当前的服务方式和管理方式需求为出发点，实现建筑与环境和谐统一，节能降耗，使图书馆建筑具有发展的过渡性和兼容性，即建设一个目前适用，以后能便于改造、拓展，逐步实现现代化，可以保持较高水平的现代化图书馆建筑。另外，图书馆建筑和设备还可以处处体现人文关怀。图书馆从诞生开始，其生命中就凝集着特有的人文气息。图书馆建筑是功能性较强的建筑，作为一座城市文化的标志性建筑，承载的不仅仅是人类上下几千年的历史，在网络时代，尤为昭显的是充溢于这座建筑间的人文光彩。图书馆设计得成功与否，在很大程度上取决于建筑设计是否满足图书馆的基本功能。无论是从实现图书馆功能的角度，还是从图书馆可持续发展的角度，抑或从人文关怀的角度，图书馆的建筑设备资源都极为重要。在图书馆的资源系统里，图书馆建筑资源是一个不可或缺的重要组成部分。

（五）制度资源

社会发展至今，各国的图书馆制度资源水平不一。有的国家图书馆制度资源丰富，有的国家图书馆制度资源却极为匮乏，图书馆制度资源的丰富程度在一定程度上反映了图书馆事业的发展水平。我国的图书馆事业发展不均衡，影响因素较多，其中制度缺位是重要因素之一。图书馆制度资源的重要意义表现在其体现了图书馆价值。有学者提出，现代的公共图书馆制度是国家为维护公共利益，保障宪法关于公民有进行科学研究、文学艺术创作和其他文化活动的自由，落实国家对公民享受文化权利所承担义务和行使公共权力，进行信息文献无偿公共借阅服务的公共事业管理的重要内容。图书馆制度在保障知识获取自由中起重要作用，图书馆制度可以为人们获取知识、信息的公平提供基本的制度保障，是保障竞争起点公平的重要制度保证，也是实现社会公正的一种重要的制度。

在图书馆资源系统中，图书馆制度资源除了有促进图书馆事业发展的作用，还体现了用户对图书馆的社会期望。没有图书馆制度，用户对图书馆的信心将无从建立。因此，图书馆资源系统的整体发展离不开这一制度保障。

（六）文化资源

图书馆文化是在实现图书馆目标的过程中逐步形成和建立起来的，是图书馆的全体内部管理人员共同认可和遵循的价值观念、道德标准、图书馆哲学、行为规范、管理理念、管理方式以及规章制度等的总和。图书馆文化以图书馆人的全面发展为最终目标，目的是发挥图书馆人的最大积极性、自觉性和开创能力，其核心是图书馆精神和图书馆价值观。图书馆文化对图书馆可持续发展有巨大的影响力，构建我们自己的图书馆文化有助于提升图书馆的软实力。

图书馆文化作用的发挥对提升图书馆竞争力至关重要。有学者指出，在图书馆打造竞争力的过程中，必须要重视图书馆文化作用的发挥。图书馆的物质文化、制度文化和精神文化是一个统一的相辅相成的整体。图书馆物质文化和制度文化是精神文化的基础，是实现精神文化的保障；图书馆精神文化则统领和引导物质文化与制度文化。只有将三者良好地结合在一起，才能发挥最优功能，促进图书馆竞争力的提升。图书馆是特定文化的产物，其本身构成一种文化现象，图书馆对文化有反向构建能力。图书馆文化资源的重要性不仅体现在其能提升图书馆软实力和竞争力上，而且体现在它与社会文化大系统的互动作用上。开发图书馆文化资源，提升图书馆竞争力，为构建和谐文化服务，这一宗旨与图书馆的整体发展宗旨完全一致，图书馆文化资源在图书馆资源系统中的作用不可或缺。

第三节 图书馆资源的类型与目标

一、图书馆资源的类型

图书馆在人类历史中存在了大约 3000 年，其之所以有如此强大的生命力，是因其有自己特有的功能和文化内涵。图书馆的资源可分为特色资源和一般性资源。特色资源可视为图书馆优质资源，一个图书馆拥有特色资源越多其潜在的价值越高，发展与生存空间就越大，也就越容易获得读者与社会的认同。图书馆特色资源从内涵上分析，其主体是特色信息资源。

（一）特色信息资源

图书馆特色信息资源建设是网络时代赋予其的一项重大任务。特色信息资源是图书馆之间信息资源共建共享的基础和特色服务的依托。在网络产生之前，虽然特色信息资源建设已在不同范围内和不同层面上展开，但其规模和影响是很有限的，它的进步意义和社会意义从来没有像今天这么重大。在各类图书馆评估过程中，几乎所有的领导、专家和读者都认识到图书馆特色信息资源建设的重要性和必要性，他们认为如果没有特色信息资源的建设，资源共建共享就会失去合作的基础和开展共享的平台，就难以撑起当今图书馆存在和发展的天空。

特色信息资源应当包括哪些内容？至今还没有一个权威的界定，但已有基本的脉络和轮廓。本书主要从系统特色资源、区域特色资源和专题特色资源库三个部分介绍图书馆的特色信息资源。

1. 系统特色资源

系统特色资源是指各系统图书馆根据各自的办馆宗旨、服务对象、发展方向等内容，在资源建设过程中逐渐形成的一种相对差异且各具特色的信息资源。这些特色资源不仅反映了不同系统图书馆的独特性和差异性，也为各类用户提供了更为全面和多样化的信息选择。高校系统的图书馆主要服务于教学和科研，因此其特色资源主要集中在教育和学术等领域。这些资源包括各种教材、学术论文、研究报告、科技成果等，是高校教学和科研工作的重要支撑。公共系统的图书馆则面向广大市民，涉及各个层次和各个方面的用户，因此在资源建设上必须更为广泛和全面。除了涵盖各种学科和领域的信息资源，公共馆还注重收集与当地文化和历史相关的特色资源，如地方志、年鉴、民俗文化等。党校系统的图书馆主要服务于党政干部和公务员，因此其特色资源主要集中在社会科学领域，特别是政治、经济、法律、哲学等方面。这些资源包括经典著作、领导讲话、政策法规、时事评论等，是党政干部和公务员学习和研究的重要参考。从这三种类型图书馆的资源比较中可以发现，它们各自有着不同的特色和优势，这些特色和优势正是不同的图书馆系统之间实现资源共享的基础。通过共享各自的特色资源，不同系统的图书馆可以相互补充，提高资源的整体利用率和效益。

系统特色信息资源可以被视为图书馆安身立命之本，因为这些信息资源是图书馆为教学、科研、读者以及政府决策提供相应服务的重要保障。各类图书馆应该充分认识到特色资源建设的重要性，积极采集与储备系统特色信息资源，为读者提供更加优质的服务，同时为其自身的发展奠定坚实的基础。

首先，系统特色资源是图书馆的核心竞争力。在现代信息化社会，信息资源的数量和质量已经成为一个图书馆能否在激烈竞争中脱颖而出的关键因素。系统特色资源不仅展示了图书馆在某一领域的专业性和独特性，也代表了其信息资源建设的实力和水平。因此，系统特色资源是图书馆打造自身品牌、提高社会认可度的重要手段。

其次，系统特色资源是满足读者个性化需求的重要保障。随着社会的进步和科技的发展，读者的信息需求越来越多样化、个性化。作为服务于社会大众的机构，图书馆需要满足不同类型读者的需求，而系统特色资源正是图书馆满足读者个性化需求的重要保障。通过建设特色资源，图书馆可以更好地满足读者的信息需求，提高读者的满意度。

最后，系统特色资源是推动图书馆事业发展的动力。图书馆事业的发展需要不断创新、完善和提高。系统特色资源作为图书馆的核心竞争力，可以为图书馆事业的发展提供强大的动力。通过不断挖掘、整理和建设特色资源，图书馆可以提高自身的服务水平和质量，推动整个图书馆事业的发展。

2. 区域特色资源

区域特色资源，主要指那些能反映特定地理区域、文化背景或社会经济状况的信息资源。这些资源是图书馆特色馆藏的重要组成部分，它们不仅提供了有关不同地理区域和文化背景的信息，还为各类用户提供了更具针对性和实用性的信息。

首先，区域特色资源是对国情、省情、市情、县情等基本情况的综合反映。这些特色资源可以帮助我们全面了解一个国家或地区的经济状况、政治体制、文化传承、教育体系、人口结构、自然环境、民族分布等信息，满足了读者对这些信息的广泛需求。同时，这些资源可以为党和政府的决策提供了重要的参考依据。

其次，民俗风情是区域特色资源的重要组成部分。民俗风情是一个国家或地区的人们在发展中逐渐形成的生活习惯和文化传统，反映了不同地理区域之间的文化差异。民俗风情不仅包括了不同地区的饮食、服饰、居住、婚丧嫁娶等日常生活习俗，也包括了民间艺术、传统节日、民间信仰等文化传统。收集和整理这些资源，可以帮助读者更好地了解和认识一个地区的文化传统及生活方式，同时可以为读者提供丰富的民族文化财富。

最后，区域特色资源的建设需要突出重点，有的放矢。不同地区的特色资源会有所不同，因此在资源建设时要结合该地区的实际情况进行选择和侧重。例如，一些地区可能拥有丰富的自然资源和文化遗产，因此在资源建设时要注重对这些资源的保护和传承；一些地区可能以工业或农业为主导产业，因此在资源建设时需要注重对这些产业的支持和发展。通过突出重点，可以更好地满足该地区用户的信息需求，推动该地区的经济和社会发展。

另外，区域特色资源的建设也要注重数字化和网络化。随着信息技术和网络技术的不断发展，数字化和网络化已经成为图书馆资源建设的必然趋势。通过数字化和网络化，区域特色资源既可以被更好地保存和传承，也可以为读者提供更方便快捷的信息服务。例如，可以通过数字化技术将传统的纸质文献转化为电子文献，建立数字图书馆和数据库，方便读者检索和使用；可以通过网络技术建立图书馆之间的合作和共享，让资源互通有无，实现信息共享。

总之，区域特色资源作为图书馆特色信息资源的重要组成部分，是满足读者个性化需求的重要保障。通过加强数字化建设、注重更新和优化以及加强交流与合作，我们可以不断扩展区域特色资源的内涵和外延，为读者提供更加优质、高效的服务，推动整个图书馆事业的发展。同时，我们要认识到区域特色资源的价值，加强对它们的保护和传承，让这些珍贵的文化遗产得到更好的传承和发展。

3. 专题特色资源库

专题特色资源库是图书馆特色资源建设的一个重要方面，旨在针对某个特定的专题或领域进行深入的信息资源开发与整合。这些特色资源库不仅可以反映图书馆在特定领域的专业性和独特性，同时也可以为读者提供更加聚焦和深入的信息服务，满足他们在特定领域的信息需求。

首先，专题特色资源库的建设可以根据图书馆自身的特点和优势来进行。每个图书馆都有自己的办馆宗旨、服务对象和发展方向，可以根据这些因素来确定自身的专题特色。例如，学校图书馆可以根据学校的专业设置和师生的研究方向，建立教师信息专题库和学员信息专题库，收集教师和学员的信息以及他们的科研成果，为学校的教学和科研提供更好的支持。这种专题特色资源库的建设不仅可以满足校内读者的信息需求，同时也能促进学校的学科建设和人才培养。

其次，专题特色资源库的建设可以促进资源的共享和合作。专题特色资源库的建设需要投入大量的人力、物力和财力，而图书馆之间的合作和共享可以节约大量成本。图书馆之间可以通过共同制定建设规划等方式，共同建设专题特色资源库，提高资源的利用率和效益，实现互利共赢。同时，这种合作可以促进不同图书馆之间的交流和合作，推动图书馆事业的发展。

再次，专题特色资源库的建设可以促进对资源的保护和传承。由于专题特色资源库的内容比较专业，因此我们需要采取一些措施来保护和传承这些资源。例如，可以采用数字化技术将这些资源进行数字化处理，方便读者检索和使用；可以采用一些长期保存的技术手段，确保这些资源的长期保存和使用。这种保护和传承不仅可以让更多的人了解和使用这些特色资源，同时可以为后代保留珍贵的文化遗产。

最后，专题特色资源库的建设可以不断推动创新和发展。随着社会的进步和科技的发展，读者的信息需求在不断变化和升级，专题特色资源库也需要不断进行更新和优化，以满足读者不断变化的需求。例如，可以不断丰富资源的内容和形式，引入新的信息资源类型和技术手段，提高资源的质量和利用率。

专题特色资源库是图书馆特色资源建设的一个重要方面，它可以为特定领域的读者提供更加精准和专业的信息，满足他们的特定需求。通过加强数字化建设、注重更新和优化以及不断推进合作与创新，我们可以不断扩展专题特色资源库的内涵和外延，为读者提供更加优质、高效的服务，推动整个图书馆事业的发展。另外，我们也要认识到专题特色资源库的价值，加强对它们的保护和传承，让这些珍贵的文化遗产得到更好的传承和发展。

（二）人才特色资源

人才资源是图书馆第一资源。图书馆人才主要包括管理人才、计算机网络人才、复合型人才等。

1. 管理人才

管理人才是图书馆运营的核心力量，他们分为行政事务管理和专业技术管理两个方向。这些管理人才在图书馆各项工作中扮演着举足轻重的角色，负责规划和组织图书馆的各项工作，确保其高效运行。

行政事务管理是图书馆管理体系中的重要组成部分，包括日常运营、财务、人力资源、设备采购、安全和环境维护等。行政事务管理的主要任务是确保图书馆的日常运营顺利进行，为读者提供稳定、安全、舒适的学习和阅读环境。

专业技术管理则涉及图书馆的资源建设和利用，包括图书采购、分类编目、信息检索、数字化处理、信息咨询等。专业技术管理人才的主要任务是确保图书馆的资源满足读者的需求，提供高效、精准的检索和咨询服务。

管理层人才在图书馆中起着重要的作用，他们需要具备出色的领导能力、组织协调能力、决策能力及人际交往能力，将图书馆的各个部门、各项业务以及各个员工有机地结合在一起，形成一个高效的工作团队。同时，他们需要积极应对图书馆发展中可能遇到的各种挑战，提出有效的解决方案。

总的来说，管理人才是图书馆运营的重要因素，他们的职责范围广泛且重要，对图书馆的运营和发展起着重要作用。

2. 计算机网络人才

计算机网络人才在现代图书馆中扮演着关键的角色，他们是图书馆顺利运营和持续发展的必要条件。这类人才是图书馆实现数字化、信息化的重要推动力量，他们对图书馆的运营和读者服务有着深远的影响。

计算机网络人才的主要职责是确保图书馆计算机网络系统的安全、稳定和可靠运行，他们需要具备扎实的计算机知识和网络技术，能够解决各种网络问题，防范网络安全风险，保证图书馆的网络服务不间断进行。同时，他们负责图书馆数字化资源的建设和管理，包括数字化图书、期刊、论文等，为读者提供更加便捷、高效的数字化服务。

此外，计算机网络人才需要与图书馆的其他部门和员工密切合作，确保各项工作的顺利开展。计算机网络人才需要与行政管理部门协作，制定数字化图书馆的行政管理制度和规范；需要与技术部门协作，开发、维护图书馆的信息管理系统和其他技术应用；需要与读者服务部门协作，提供针对读者的个性化服务。

计算机网络人才是现代化图书馆事业发展不可或缺的一部分，他们的存在使得图书馆能够更好地适应数字化时代的需求，提高其运营效率和服务水平。他们是图书馆事业发展的重要支撑，也是未来图书馆发展的关键力量。

3. 复合型人才

复合型人才是当今社会中备受推崇的一种人才类型，他们不仅具备广博的知识储备和卓越的技能，还拥有出色的综合素质和适应能力。在图书馆领域，复合型人才同样具有极高的价值和重要性。

复合型人才在图书馆事业中扮演着多种角色。他们既能够胜任宏观管理和战略规划的相关岗位，又能够熟练掌握和运用各种微观技术，这些技能和知识的结合使他们能够更好地适应各种岗位的工作，并随着时间推移不断与时俱进。作为复合型人才，复合型人才需要具备广博的知识储备和多元化的技能。在知识层面，他们需要了解图书馆学、情报学、信息科学等多学科的基本知识和理论，同时要掌握与图书馆业务相关的其他领域知识，如文学、历史、哲学等。在技能层面，他们需要具备丰富的计算机技术和数字化技能，能够熟练运用各种信息技术工具和软件，同时需要具备良好的沟通能力。

复合型人才的综合素质是其重要的特点。他们具备批判性思维、创新能力、自主学习能力等多种素质，这些素质在解决实际问题时具有重要的作用。此外，他们还具备良好的团队协作精神和领导能力，能够与其他员工密切合作，共同推动图书馆事业的发展。

在图书馆事业中，复合型人才的作用是十分显著的。他们能够多角度、全方位地考虑问题，为图书馆事业的发展提供有力的支持。同时，他们能够与其他人才相互配合，形成互补性团队，提高整个团队的效能和水平。

复合型人才是图书馆事业发展的重要支撑。大力培养和引进复合型人才，有助于推动图书馆事业的持续发展，更好地满足读者不断变化的需求，并帮助图书馆在激烈竞争中立于不败之地。

（三）环境特色资源

图书馆特色环境资源包括外部环境资源和内部环境资源。

1. 图书馆外部环境资源：建筑的造型及外围环境

图书馆的建筑造型及外围环境是图书馆整体形象的重要组成部分。许多图书馆以其独特的建筑风格和良好的外围环境吸引了众多读者的关注，成为区域标志性建筑物，甚至成为人类建筑遗产和建筑文化的一部分。例如，中国的上海市图书馆和浙江省图书馆就是以其独特的建筑风格与象征意义，成为所在城市和地区的标志性建筑。这些图书馆的建筑造型不仅具有独特的造型，还给予人们美的享受，得到了大部分人的认同。

图书馆建筑的特色并不仅仅意味着标新立异，而是应当在满足实用性的前提下，展现出自身的文化内涵和特色。图书馆的建筑应当大气、美观、协调，体现出有别于其他建筑物的文化氛围。它应当反映出图书馆作为知识宝库和信息中心的地位，同时要满足读者学习、交流和研究的需求。

除了建筑本身的造型，图书馆的外围环境也是其整体形象的重要因素。一个优美的、公园式的外围环境可以让读者在户外也能享受到舒适的学习或休闲的空间。这样的环境不仅可以让读者在阅读和学习之余得到放松，还可以吸引更多的人来到图书馆，提高图书馆的利用率。

因此，在设计和建设图书馆时，应当充分考虑其建筑造型和外围环境的整体协调性。不仅要注重建筑本身的功能和美感，还要关注其与周围环境的相互影响。通过精心规划设计，打造出优美的图书馆建筑和外围环境，为读者提供更加舒适、便捷、优美的学习或休闲空间。

2．图书馆内部环境资源：内部结构及装饰

图书馆的内部结构及装饰是图书馆的重要组成部分，它们不仅影响图书馆的功能和效率，还关系到读者的阅读体验和舒适度。

首先，图书馆的内部结构应当安全、舒适、方便和友好，这意味着需要充分考虑安全通道、消防设施、采光和透气等因素。同时，为了方便读者借阅，图书馆需要合理规划书架、阅读区、借阅台等区域的位置和大小。现代图书馆的服务区域通常设计成大开间，这种设计可以更好地融合藏书、借阅和信息咨询等功能，为读者提供更加便捷和高效的服务。

其次，图书馆的装饰应当明亮、简洁、大方。在材料选择上，应优先考虑环保和健康因素，如使用低甲醛、无苯的材料来减少污染。同时，装饰风格和色彩应当与图书馆的文化氛围相协调，营造出一种宁静、舒适且富有文化气息的氛围。

最后，为了营造人文氛围，可以在图书馆内设置一些装饰物，如字画、摄影作品、雕塑等艺术品，以体现图书馆特有的文化底蕴。同时，可以在空间布局和家具设计上注重人文关怀，如为残障人士提供方便的设施，为读者提供足够的休息和交流空间等。

总之，图书馆的内部结构和装饰应当注重实用性、安全性和环保性，同时要体现出图书馆特有的文化氛围和人文关怀。通过合理的规划和精心设计，为读者提供一个更加安全、舒适、便捷和友好的阅读环境。

二、确立图书馆资源发展目标

在确定图书馆资源如何建设之后，我们还需要对今后的发展设立目标。

图书馆资源只有不断建设发展才能具有生命力，只有有所定位才不至于迷失方向。

（一）读者需求是图书馆资源建设的指向

读者需求是图书馆资源建设的核心指向，它直接决定着图书馆特色资源的建设方向。这是因为图书馆的特色资源主要是在满足读者需求的过程中逐步形成的，读者的需求和意见对特色资源的建设具有重要的指导作用。

读者需求是一个动态的过程，这些需求会随着社会、科技的发展和人们知识水平的提高而不断变化。因此，图书馆需要持续关注和研究读者需求，及时调整和优化自身的资源建设方案，以满足读者不断变化的需求。读者需求是特色资源建设的起点和归宿。图书馆特色资源的建设和开发，首先需要了解和研究读者的需求，根据读者的需求来进行资源的采集、加工、整理和储存。其次，特色资源的利用和推广，需要以读者的需求为导向，以满足读者的诉求为最终目标。读者在图书馆特色资源建设过程中起着重要的作用。通过深入了解和研究读者的需求，可以让读者参与到资源建设的过程中来，从而提高资源的针对性和实用性。同时，图书馆通过读者的反馈和建议，也可以不断优化和改进图书馆特色资源建设方案，使其更加符合读者的需要。

读者需求是图书馆特色资源建设的重要指向，它直接决定着特色资源的形成、建设和利用效果。图书馆需要深入了解和研究读者的需求，激发读者的参与热情，不断提高特色资源建设的针对性和实用性，以满足读者不断变化的需求。

（二）重点学科建设是资源建设的基础

重点学科建设是图书馆特色资源建设的重要基础，这是因为图书馆的资源建设需要以学科为依托，根据自身的服务对象和需求对资源进行合理配置。重点学科资源的建设不仅是一个图书馆的特色资源建设的基础，也是图书馆为学科建设提供信息服务的基础。

重点学科资源的建设需要有一个清晰明确的规划。这个规划需要考虑诸多因素，如服务对象、学科发展、文献需求等。在规划中，需要明确哪些学科是重点学科，哪些文献需要重点收藏，同时要结合读者不同档次、不同深度、不同目的的文献需求进行合理配置。重点学科资源的建设是一个长期的过程，需要不断地维护和发展。在维护方面，需要保持资源的连续性和稳定性，保证其质量和数量；在发展方面，需要不断更新和扩充资源，以满足读者不断变化的学科需求。

重点学科资源的建设需要建立一个有主有次、系统完整的特色藏书体系。这个体系需要包括基础学科、主干学科、重点学科等不同层次的学科资源，同时需要兼顾读者不同研究方向的文献需求。在这个体系中，每个学科的资源都需要有核心部分和主体部分，以反映所在图书馆藏书的个性和特色。

重点学科建设是图书馆特色资源建设的重要基础，它代表了馆藏资源的发展方向和核心价值。通过合理的规划和配置，建立有主有次、系统完整的特色藏书体系，以满足读者不同层次、不同研究方向的学科需求，是图书馆特色资源建设的核心任务之一。

（三）特色数据库建设是资源建设的标志

图书馆资源库的建设是图书馆发展的重要组成部分，其中特色数据库的建设更是标志着一个图书馆的资源建设水平。

特色数据库的类型。特色数据库是指具有独特内容的数据库，其个性化强、针对性突出，能够满足不同用户的需求。根据不同的划分标准，特色数据库可以分为不同的类型。例如，根据内容可以分为地方特色数据库（包括统计数据库、民风民俗数据库等）、学科特色数据库以及各类型的专题数据库等。

特色数据库建设的意义。特色数据库的建设是图书馆资源建设的标志，它不仅代表了一个图书馆的资源创新水平，同时是特色馆藏构建的重要手段。通过建设特色数据库，图书馆可以更好地满足用户的需求，提高资源的利用率和影响力。此外，特色数据库还可以为图书馆带来更多的学术声誉和品牌效应。

特色数据库建设的步骤。首先，需要明确数据库的主题和内容，并根据主题和内容进行资源的收集和整理。其次，需要选择合适的数据库平台和技术，并进行数据库的开发和建设。最后，需要进行数据库的维护和更新，确保数据库的稳定性和持续性。

特色数据库建设的挑战。首先，需要解决数据采集和处理的问题，确保数据的准确性和完整性。其次，需要解决数据存储和管理的问题，确保数据的可用性和安全性。最后，需要解决数据共享和合作的问题，促进数据的交流和共享。

综上所述，特色数据库建设是图书馆资源建设的标志，它代表了一个图书馆的资源创新能力和特色馆藏水平。通过建设特色数据库，图书馆可以更好地满足用户的需求，提高资源的利用率和影响力，并为用户提供更好的服务。

资源建设，是信息网络时代给予图书馆发展的重要机遇。图书馆应从满足读者需求的视角出发，以区域特色、学科特色和专题资源库为依托，以联合共建为方式，循序渐进，科学地推进特色资源建设。

第二章　公共图书馆资源建设标准与服务标准

第一节　建立资源建设标准与服务标准的必要性及目标

一、建立标准的必要性

（一）标准的定义

我国国家标准《标准化工作指南第 1 部分：标准化和相关活动的通用术语》（GB/T 20000.1—2014）中有关标准的定义是：标准是指为在一定的范围内获得最佳秩序，经协商一致制定并由公认机构批准，共同使用的和重复使用的一种规范性文件。标准以科学、技术的综合成果为基础，以促进最佳的共同效益为目的。

（二）建立标准的必要性

当前公共图书馆的信息资源不仅包括纸质文献资源，还包括多种载体形式的数字信息资源构成的图书馆虚拟馆藏，以及许多图书馆自建的特色数据库。这些不同载体形式、不同类型的信息资源未能形成较为一致的建设标准，不利于图书馆之间的互相交流与合作，成为影响实现图书馆的信息资源共享的短板。因此，建立统一的图书馆资源建设与服务标准是非常必要的。分析建设和执行图书馆资源建设和服务标准的必要性，可以从政府主管部门和图书馆自身两个角度来考虑。

1. 政府主管部门角度

公共图书馆是由政府兴办的、向所有社会公众开放的公益性组织，它本质上是政府为社会公众提供文化、教育的公共空间。政府是公共图书馆的主要责任主体，承担了公共图书馆建设、维护和管理的责任，并通过公共图书馆保障社会中每一个公民自由获取知识和信息的权利。从宏观层面看，国家或地方政府通过制定公共图书馆的资源建设与服务标准并监督实施，可以宏观调控全国或地方公共图书馆事业的平衡发展，为公共图书馆信息资源实现共享提供决策依据，保证公民的基本文化权利。

2. 图书馆自身角度

图书馆的馆藏文献资源、数字信息资源是图书馆提供服务的重要物质基础。在信息高度发达的现代社会中，任何图书馆都不可能全面收集各类信息资源，只有通过各个图书馆的分工协作、合作共建相对完备的信息资源收藏体系，才能实现信息共享，最大限度地满足整个社会的信息需求。所以，单从图书馆自身角度看，良好的馆藏信息资源是图书馆提供优质服务的必要条件，执行相关公共图书馆资源建设与服务标准，可以有效地保障图书馆馆藏文献体系的合理性，保障基本信息服务和其他服务的质量，满足读者的基本信息需求。

二、建立标准的目标与背景

截至 2022 年末，我国共有公共图书馆 3 303 个。就文献资源分布情况而言，我国公共图书馆主要集中于大城市的省（市）级图书馆。在中西部地区，仍有相当数量的图书馆馆藏陈旧过时，几年甚至十几年没有买书或者很少买书的县级公共图书馆不在少数，公共图书馆事业发展不平衡。制定公共图书馆资源建设与服务标准的主要目标就是保障各地区公共图书馆事业的平衡发展，实现信息资源共享，为满足公众的信息需求提供基本保障条件。

影响制定信息资源建设与服务标准的背景主要有两个：一是国家地域辽阔，经济发展水平不平衡。二是随着信息技术的广泛应用，公共图书馆所处的社会信息环境的变化。公共图书馆必然会受到社会环境的影响和制约，进入信息技术时代以后，图书馆馆藏文献信息资源的深度和读者服务的质量成为决定图书馆事业命运的力量。信息变化带给公共图书馆资源建设与服务的直接影响有以下几个方面。

（一）馆藏信息资源的结构发生变化

传统馆藏信息资源是以图书、报刊等纸质文献为主，同时收藏视听资料。随着现代社会网络数字信息资源的不断增多，在文献资源的建设中，除了继续保持图书、报刊等纸质文献重点收藏，形成注重特色化的馆藏体系，同时应加强虚拟馆藏的收集和建设，如各种视听资料的收藏、数字信息资源的收藏，更加注重数字信息资源建设的目的性、实用性和协调性。

（二）图书馆信息资源的获取方式发生变化

随着电子商务的发展，网上售书活动日益频繁，电子邮件和论坛成为图书馆采访人员获得文献信息的重要渠道，既缩短了文献信息资源采购的时间，也提高了采访的效率。图书馆获取信息资源的传统方式主要是通过购买、交换、捐赠等来拥有文献的永久所有权和使用权。然而，图书馆通过网络获取的信息，拥有的是信息资源的网络使用权。现代社会，馆藏网络虚拟信息资源和实体信息资源同样重要，所以公共图书馆将越来越重视收集网络免费数字资源，利用文化共享工程所提供的网络资源，通过图书馆联盟建设虚拟馆藏信息资源。通过多种努力获取更多的信息资源使用权，使图书馆的信息资源范围得到进一步延伸。

（三）读者的信息需求发生变化

读者的信息需求是信息资源建设的依据。由于知识和信息成为社会发展的驱动力，社会对知识信息的关注程度大幅提高，人们的信息需求量也必将增加。读者信息需求的内容更加丰富多彩，读者对信息资源的时效性、内容的准确性都有了更高的要求，信息资源利用的目的也就更加多元化、立体化和个性化。读者的信息需求由原来单一形式的文献信息向多种载体的文献信息资源转变，获取信息的渠道也不局限于图书馆，网络、数据库都成为重要的信息源。

（四）图书馆开展信息服务的手段和方法多样化

随着信息技术和数字化技术的发展，公共图书馆将成为高度发达的信息集散地，信息技术的应用使图书馆工作变得更加便利和高效。Web3.0、地理信息系统、云计算、5G技术等一系列新技术的发展都将成为图书馆信息化建设中不可缺少的方式和手段。当图书馆被网络化、数字化技术武装起来后，许多图书馆开始采取更为开放和主动的方式来应对信息环境的变化，对传统图书信息服务范围进行了有力的扩展，如图书馆目录的网络检索、数字资源建设、数字参考咨询等。越来越多的图书馆开始努力在传统图书馆服务之外拓展新的信息服务内容和形式，信息服务逐渐向以用户为中心的服务模式演变，如流动图书馆服务、上门服务、移动信息服务等。人们正在走向全面和泛在的数字信息环境，图书馆只是用户信息环境中一个有限的部分和用户获得信息过程中的一个环节，我们需要改变观念，从以图书馆为本转变到以用户为本。可以预见，随着社会信息技术的不断发展，公共图书馆的服务方式和手段必将日趋多样化，因为服务始终是图书馆存在的根本。

第二节　资源建设标准与服务标准的类型

涉及公共图书馆资源建设与服务的标准或规范性文件种类比较多，其内容不仅涉及公共图书馆信息资源建设与服务，而且涉及公共图书馆其他资源（如图书馆经费、人员、设备、建筑及读者等）。本书主要介绍的是有关公共图书馆信息资源方面的建设标准与服务标准。

一、《公共图书馆法》的立法过程

关于公共图书馆法的立法研究可追溯至 1990 年文化部主持的《公共图书馆条例》的起草工作。2001 年初，文化部正式启动图书馆法的立法工作。2004 年 6 月，国务院法制办召开了"图书馆法专家座谈会"。2008 年 11 月 18 日，文化部在北京召开《公共图书馆法》立法工作会议，会议明确了根据全国人大常委会的立法规划，制定图书馆法从公共图书馆法做起，这标志着从 2001 年启动的图书馆立法工作开始步入公共图书馆法的具体立法进程。

2009 年，由中国图书馆学会和国家图书馆牵头，对《公共图书馆法》涉及的基本问题和重要制度展开支撑研究。在中国图书馆学会召开的 2009 年新年峰会上形成了 11 个支撑研究课题组：①国内外立法资料收集与分析。②立法背景与必要性、可行性研究。③公共图书馆的性质与功能研究。④公共图书馆的设置与体系建设研究。⑤公共图书馆管理体制研究。⑥公共图书馆绩效评估研究。⑦公共图书馆人、财、物保障及呈缴本制度研究。⑧著作权保护法在图书馆的适用性研究。⑨公共图书馆文献资源建设法律保障研究。⑩读者权益与图书馆服务研究。⑪公共图书馆与数字图书馆——数字环境下公共图书馆事业的发展研究等。在这一系列支撑研究的基础上先后形成了 2009 年 11 月《公共图书馆法》的"讨论稿"和 2010 年 3 月《公共图书馆法》的"征求意见稿"。

2011 年 3 月,中华人民共和国第十一届全国人民代表大会第四次会议中与会代表提出议案,建议制定图书馆法。十一届全国人大常委会立法规划中,将图书馆法列为"研究起草、条件成熟时安排审议"的项目。国务院自 2007 年起连续四年将公共图书馆法作为"需要抓紧研究、待条件成熟时提出的立法项目"列入年度立法工作计划。2012 年 4 月,文化部《公共图书馆法》调研团访问法国,了解法国在公共图书馆方面的立法、执法情况及相关经验,以对正在修订中的中国《公共图书馆法》提供借鉴。

《中华人民共和国公共图书馆法》由第十二届全国人民代表大会常务委员会第三十次会议于 2017 年 11 月 4 日通过,自 2018 年 1 月 1 日起施行。《中华人民共和国公共图书馆法》是为了促进公共图书馆事业发展,发挥公共图书馆功能,保障公民基本文化权益,提高公民科学文化素质和社会文明程度,传承人类文明,坚定文化自信而制定的法律。

二、国家相关标准化机构颁布的专业标准

《公共图书馆建设用地指标》《公共图书馆建设标准》和《公共图书馆服务规范》的施行标志着我国公共图书馆设施建设开始步入规范化、法制化的轨道。作为政府规范性文件,它们为我国公共图书馆的建设提供了决策标准、行为依据和监督检查尺度。

(一)《公共图书馆建设用地指标》(建标 108〔2008〕74 号)

《公共图书馆建设用地指标》由文化部主持编写,住房和城乡建设部、国土资源部、文化部批准发布,2008 年 6 月 1 日起施行。主要内容包括:第一章,总则;第二章,节约和合理用地的基本规定;第三章,基本术语;第四章,建设用地指标。其中第四章包括设置与选址原则、建筑用地控制指标和其他控制指标三个小节。

《公共图书馆建设用地指标》主要解决的问题有三个:①提出以服务人口为基本依据,着眼于形成服务网络的公共图书馆设置原则。②引入"服务半径"的概念,确立了公共图书馆的布局原则,如表 2-1 所示。③细化了公共图书馆的选址原则,在交通便利的基础上强调了"公交发达",在环

境较好的基础上强调了"相对安静"。

表 2-1 公共图书馆的设置原则和服务半径指标

服务人口（万人）	设置原则	服务半径（千米）
≥150	大型馆：设置 1~2 处，但不得超过 2 处；服务人口达到 400 万时，宜分 2 处设置	≤9.0
	中型馆：每 50 万人口设置 1 处	≤6.5
	小型馆：每 20 万人口设置 1 处	≤2.5
20~150	中型馆：设置 1 处	≤6.5
	小型馆：每 20 万人口设置 1 处	≤2.5
5~20	小型馆：设置 1 处	≤2.5

虽然《公共图书馆建设用地指标》和《公共图书馆建设标准》没有纳入国家标准化范畴，不是强制执行的技术或质量标准，而是属于政府规范性文件，效力级别为政府部门规章，但是，它们是我国首次制定的关于公共图书馆设施建设的全国统一规范，为各级政府规划当地的公共图书馆建设布局、审批相关工程项目、确定用地和投资规模等工作提供了基本依据，也必将提高各级政府对公共图书馆建设的重视程度，进而推进公共图书馆服务体系的建设、完善和发展。

（二）《公共图书馆建设标准》（建标 108〔2008〕150 号）

《公共图书馆建设标准》由文化部主持编写，住房和城乡建设部、中发展和改革委员会批准发布，自 2008 年 11 月 1 日起实施。其内容包括：第一章，总则；第二章，规模分级、项目构成与选址；第三章，总建筑面积与分项面积；第四章，总体布局与建设要求；第五章，建筑设备。同时，包括两个附录：《附录一：公共图书馆用房项目设置表》《附录二：公共图书馆建设标准用词用语说明》。

《公共图书馆建设标准》明确了要以服务人口为主要依据确定公共图书馆的建设规模。根据公共图书馆普遍服务的原则以及我国城乡人口变迁的现实，该标准不是采用以往惯用的"户籍人口"，而是采用"常住人口"（户籍人口＋居住半年以上的流动人口）作为服务人口的计算依据。根据公共图书馆建筑的使用周期，该标准规定服务人口是指规划人口，而不是现实人口。还明确提出了未来 5~10 年公共图书馆的一些具体基础指标，如根据国家的文化发展规划，考虑到不同地区公共图书馆藏书总量的现状及未来发展，确定人均拥有公共图书馆藏书的指标为 0.6~1.5 册。

《公共图中馆建设标准》主要解决的问题有三个：①确立了决定公共

图书馆建设规模的原则，即以服务人口为基本依据，兼顾服务功能、文献资源的数量和品种以及当地经济发展水平。②形成了比较系统的反映我国公共图书馆事业发展现实水平和具备一定前瞻性的指标体系，分别是公共图书馆建设规模分级指标，公共图书馆的设置、布局和用地指标，公共图书馆建筑面积和藏书量、阅览座位数量指标。③明确了公共图书馆的功能用房类别和面积比例，提出了公共图书馆用房项目设置的指导性意见。

（三）《公共图书馆服务规范》

《公共图书馆服务规范》（GB/T 28220—2023）是由国家质量监督检验检疫总局、国家标准化管理委员会批准发布的我国第一个规范公共文化的国家级服务标准，也是我国图书馆规范体系中的首个服务类标准。这一标准的制定从 2008 年 1 月正式启动，2010 年 5 月经过全国图书馆标准化技术委员会投票通过，报送文化部、国家质量监督检验检疫总局、国家标准化管理委员会批准，于 2012 年 5 月 1 日起正式实施。其主要体现了六大服务理念，即免费理念、均等理念、人本理念、便捷理念、率先理念和创新理念。其内容主要包括前言以及范围、规范性引用文件、术语和定义、总则、服务资源、服务效能、服务宣传、服务监督与反馈八个部分，对公共图书馆服务的各个方面进行了全面而具体的规定。该规范适用于县（市）级以上公共图书馆，街道、乡镇级公共图书馆以及社区、乡村和社会力量办的各类公共图书馆基层服务点。

《公共图书馆服务规范》的编制主要有三个特点：①参照国家社会科学基金重点项目《国际大都市图书馆指标体系研究》的研究成果，创设了"一则四服务"的框架，即总则、服务资源、服务效能、服务宣传、服务监督与反馈。②以省、地、县为主线，并参以服务规模和服务人口的要素，体现了中国公共图书馆的特色。③注重三大约束维度，即对各级政府提出了履职和统筹规划的要求，对图书馆管理者和服务人员提出了管理和考核的要求，对读者和社会提出了监督和共建的要求。

《公共图书馆服务规范》的出台有重大意义，主要体现在四个"新"上，具体内容如下。

（1）中国图书馆法治化进程的新成果。此前关于公共图书馆已有数部颁标准公布，如《公共图书馆建设用地标准》《公共图书馆建设标准》《公共图书馆评估标准》等。《公共图书馆服务规范》与先前颁布的数部标准相辅相成、呼应衔接，共同推进我国公共图书馆的服务体系朝着更加科学、规范的方向发展，在完善图书馆法制进程中起到前后相续的重要作用。

（2）中国公共图书馆事业全面协调可持续发展的新保障。《公共图书馆服务规范》在人力资源保障、文献采访经费保障、硬件设施保障等条文中提出了既符合现实又适度超前的规范数据；将近年来中国公共图书馆界的一些好经验和好做法通过国家标准条文的形式进行了固化；对中国东中西部的地区差别和城乡差别予以了统筹关注；明确了公共图书馆的基本服务应当免费，以及其公益性、基本性、均等性和便利性的服务定位。这些对全国公共图书馆服务体系建设起到了重要的推动作用。

（3）引领中国公共图书馆服务总体品质提升的新标杆。在服务资源方面，《公共图书馆服务规范》对各级公共图书馆计算机数量的配置、网络与带宽指标、图书馆员数量与读者数量的配备比率等均做了较详尽的规定；在服务效能方面，对服务时间、总分馆服务和个性化服务等分别提出了要求；在服务效率方面，对文献到馆的加工处理时间、闭架文献获取时间、馆藏外借量等做了具体规定；在服务宣传方面，对公共图书馆的方位区域标识、无障碍标识、馆藏提示等提出了具体要求；在服务监督与反馈方面，提出公开监督电话、开设网上投诉等监督途径和方法，并将读者满意度调查作为一项常规的年度性工作。以上这些，为公共图书馆的服务水平树起了一个新标杆，成为全国公共图书馆界全面提升服务品质的良好契机。

（4）中国图书馆融入世界图书馆大家庭的新规范。《公共图书馆服务规范》的编制，以国际图书馆协会联合会（以下简称国际图联）和联合国教科文组织制定的《公共图书馆服务发展指南》为重要参照，借鉴了英国、美国、澳大利亚等国已制定的图书馆服务标准和相关法规中的适合中国国情的理念与做法，使《公共图书馆服务规范》成为一部具有世界视野、中国特色、公共图书馆特点的图书馆服务新规范，体现出中国图书馆人的文化自信与文化自觉。

三、地方性公共图书馆法规和图书馆服务标准/规范

（一）地方性公共图书馆工作法规

我国的地方性公共图书馆法律规章制度建设始于二十世纪八十年代中期。国内部分省、自治区、直辖市和个别城市颁布和实施的地方性公共图书馆工作法规，如表2-2所示，是我国制定全国性公共图书馆法的重要参考。

表 2-2　地方性公共图书馆工作条例、法规目录

名称	颁布机构	实施时间
《上海市公共图书馆管理办法》（2002 年修订）	上海市人民政府	1997 年 1 月 1 日
《深圳经济特区公共图书馆条例（试行）》	深圳市人民代表大会常务委员会	1997 年 10 月 1 日
《内蒙古自治区公共图书馆管理条例》	内蒙古自治区人民代表大会常务委员会	2000 年 8 月 6 日
《湖北省公共图书馆条例》	湖北省人民代表大会常务委员会	2001 年 10 月 1 日
《北京市图书馆条例》	北京市人大常委会	2002 年 10 月 1 日
《河南省公共图书馆管理办法》	河南省人民政府	2002 年 9 月 1 日
《浙江省公共图书馆管理办法》	浙江省人民政府	2003 年 10 月 1 日
《乌鲁木齐市公共图书馆管理办法》	乌鲁木齐市政府	2008 年 5 月 1 日
《山东省公共图书馆管理办法》	山东省人民政府	2009 年 6 月 1 日
《广州市公共图书馆条例》	广东省人大常委会	2015 年 5 月 1 日
《贵州省公共图书馆条例》	贵州省人民代表大会常务委员会	2021 年 1 月 1 日
《甘肃省公共图书馆条例》	甘肃省人民代表大会常务委员会	2023 年 10 月 1 日

（二）地方性公共图书馆服务标准

一些地方政府制定和颁布的地方性公共图书馆服务标准。如《北京市公共图书馆文明服务规范》（2009）、《上海市公共图书馆行业服务标准》（2009）、《新疆维吾尔自治区公共图书馆服务标准》（2010）、《安徽省公共图书馆服务标准（试行）》（2011）、《江西省公共图书馆服务规范》（2014）、《江苏省公共图书馆服务规范》（2018）等。

（三）我国地方性图书馆法规比较

地方图书馆法规对公共图书馆服务的规定主要包括服务对象、服务时间、服务方式、服务内容。在服务对象上，范围相当广泛。《深圳经济特区公共图书馆条例（试行）》规定，凡是能够遵守公共图书馆有关管理规定的人均可成为公共图书馆的读者。另外，立法特别照顾了特殊群体，《北京市图书馆条例》规定，图书馆应当为读者利用文献信息资源创造便利条件，为老年人、残疾人提供方便。《河南省公共图书馆管理办法》第十七条规定，公共图书馆优先照顾未成年人、老年人和残疾人。《湖北省公共图书馆条例》

第六条规定公共图书馆应当为老、弱、病、残的读者提供方便。立法对老、弱、病、残等特殊读者群体的关注充分体现了图书馆以人为本的服务理念。

在服务时间上，除少数文件约定需按照国家规定保证开馆时间外，大部分文件是通过详细列举每周或每天的开放时间来具体规范图书馆的开馆时间。

在服务内容上，相关法规设定了图书馆封存文献信息资料的标准，排除了图书馆任意封存文献信息资料的可能，保护了图书馆用户自由、全面地获取信息的权利。《北京市图书馆条例》规定，除国家规定禁止公开传播的文献信息资料外，图书馆不得另立标准，任意封存馆藏文献信息资料，对善本、珍本和不宜外借的馆藏文献信息资料，可以本着保护的原则限制使用。

在服务方式上，公共图书馆最基本的服务方式是文献借阅，按不同的标准，文献借阅可分为馆内借阅、外借阅读（包括邮寄、电话预约等）、流动借阅、开架借阅、半开架借阅等多种服务方式。图书馆除提供借阅服务外，还可应读者要求提供深层的信息查询、专题/定题服务等多种服务方式，扩大图书馆的业务范围。《浙江省公共图书馆管理办法》规定公共图书馆要拓展服务领域和服务功能，采取多种方式提高文献信息资源利用率，为当地经济社会发展和科学研究提供服务。《江西省公共图书馆服务标准（试行）》提出了设立预约借书、电话（或网上）续借、汽车图书馆、流动图书站点及为有特殊困难的读者送书上门等便民措施。

第三节　公共图书馆的信息资源建设标准

一、公共图书馆信息资源建设标准基本指标

信息资源是公共图书馆开展信息服务的基础，公共图书馆作为人们获取知识的重要渠道之一，必须达到一定的馆藏标准，并提供高质量图书馆服务，这样才能完成其公共服务的使命。公共图书馆信息资源建设既不应受任何意识形态、政治或宗教制度的影响，也不应屈服于商业压力。公共图书馆在制定和执行信息资源建设标准时，应定期对馆藏资源进行评估、替旧和更新，然后根据纸本图书、纸本期刊、音像资料及其非纸本资源藏量分别计算。

公共图书馆的信息资源建设标准有必要规定公共图书馆的最低人均藏书标准和每年新增藏书的最低标准。人均藏书量是基本指标之一，常被用来衡量一个图书馆甚至一个地区或国家文献资源丰富程度。作为可以量化

考核的指标，公共图书馆馆藏信息资源建设标准主要有以下几个指标：①公共图书馆总藏书量：纸质文献等物理收藏量以册为单位。②公共图书馆数字资源总量：以资源字节量为单位。③人均占有藏书总量：以常住人口计算。④人均年增加新书量：以常住人口计算。⑤年入藏文献资料总量：纸质文献等物理收藏量以册为单位，数字资源以字节量为单位。

二、公共图书馆信息资源建设标准确立原则

（一）符合实际，引导公共图书馆发展方向

公共图书馆信息资源建设标准要符合公共图书馆信息资源建设的实际状况。例如，这些标准要能科学地反映出新增加的网络数据资源，引导公共图书馆信息资源建设适应信息环境的变化。

（二）分类管理，分不同级别、不同地区制定标准

公共图书馆信息资源建设标准的原则要与当地读者需求和地区经济、文化与社会事业发展相适应，应当形成不同地区、不同级别的公共图书馆的不同特色。《公共图书馆建设标准》中就分别为大型图书馆、中型图书馆和小型图书馆制定了不同的公共图书馆信息资源建设标准。文化和旅游部组织的公共图书馆评估定级标准区分省级图书馆、地市级图书馆、县级图书馆、少儿图书馆制定了不同的图书馆资源建设评估标准。国家公共文化服务示范区（项目）创建标准则针对西部、中部、东部不同的经济发展水平，提出不同地区公共图书馆信息资源建设指标。

三、公共图书馆信息资源建设的基本标准

（一）图书馆信息资源收藏总量

国际图联提出，公共图书馆目标设定是要"保存人类文化遗产"。信息资源是图书馆业务活动开展的生命线，是一切读者服务活动的基础。信息资源的数量尤其是馆藏纸质藏书的数量已成为决定图书馆空间大小的重要因素之一。馆藏数量是图书馆开展服务工作的物质基础，是衡量图书馆事业发展状况的主要标志之一，是制定图书馆发展战略的重要依据之一。因此，公共图书馆信息资源建设的基本标准不仅要着眼目前馆藏，而且要为该馆未来 20 年馆藏的增长预留出空间，根据服务人口设计出不同规模

地区公共图书馆应该拥有的图书、期刊、视听资料、人均馆藏总量等情况。

目前从世界范围看，基本上各国都采用人均拥有公共图书馆藏书数量指标来衡量公共图书馆信息资源收藏总量。人均馆藏的数量随人口增长呈递增趋势，图书馆的人均馆藏和全部馆藏规模都要根据服务人口不低于"基本"级图书馆的规定而调整。然而，不论服务人口或城市人口多少，图书按单本计算，报纸按月合订本计算，期刊按合订本计算，音像制品（录音带、录像带、光盘）、微缩胶片、电子出版物按单件计算。馆藏总量并不是一个静态的数据，它会随着服务人口的变化而呈现动态的变化，当服务人口增加时，馆藏资源总量就会增长，反之亦然。

（二）人均占有图书馆资源量

公共图书馆的信息资源总量与服务人口之间的关系尤为密切。随着人数的增长，馆藏总量虽然呈上升趋势，而人均馆藏却呈下降趋势。各馆可根据服务人口的数量设置人均馆藏量，但要充分考虑我国地区之间、城乡之间的差异，对许多数据设定下限，以确保相对落后的地区能够达到公共图书馆服务的基本条件，同时相对发达的地区能够不受下限的限制，而有一个新的发展空间。

《公共图书馆建设标准》中对不同规模图书馆的馆藏总量和人均藏书量制定了控制指标，即人均藏书量应不低于 0.6 册（5 万人口以下的，人均藏书量应不少于 1 册）。《公共图书馆服务规范》中对公共图书馆信息资源建设标准也有详细规定，如"馆藏印刷型文献以图书、报刊合订本的册数计。省级馆、地级馆、县级馆的入藏总量分别应达到 135 万册、24 万册、4.5 万册，省、地、县级馆年人均新增藏量分别应达到 0.017、0.01、0.006 册。馆藏电子文献包括电子图书、电子报刊、视听资料等，以品种数计。省级馆、地级馆、县级馆的年入藏量分别应达到 9 000 种、500 种、100 种""省级馆年人均文献购置费应达到 0.52 元；地级馆年人均文献购置费应达到 0.3 元；县级馆年人均文献购置费应达到 0.18 元。文献购置经费应与财政收入的增长同步增加"。上述数据的要求都是不分地区与城乡的，"不少于""以上"既是下限，也是底线。这些具体量化的指标为我国公共图书馆信息资源建设规范化、标准化的发展提供了有力保障。

（三）年度流通数量

年度馆藏流通数量是馆藏建设中的一个重要因素，其分为年度每册馆藏流通率及年度人均馆藏流通率。年度每册馆藏流通率等于年度流通总量除以总馆藏数量；年度人均馆藏流通率等于年度总流通率除以所在区域内的人口数量。在计算公共图书馆年度流通数量时,应综合考虑以上两个方面。

（四）替旧与更新率

可以公开借阅的馆藏被称为流通馆藏。一般把年平均增长量作为计算馆藏文献增长量的指标。馆藏文献增长量太低,会造成馆藏文献贫乏,知识断层,读者利用文献受到限制；馆藏文献增长量过高,会造成大量无用文献进入图书馆,文献利用率下降。英国在公共图书馆服务标准中规定,图书馆可根据自身发展状况及资金条件,对已有馆藏进行替旧和更新,保证足够的馆藏满足读者的需求。计数时,将馆藏的多个副本计算在内,并包含影音资料,但是不包含不外借的副本和参考资料。流通馆藏和影音资料的替换率,可用"被转换成馆藏全被更新的替换年限"来表示。替旧数量以馆藏总量的 3%~6% 为最佳。另外,更新年限也不是一个恒定不变的数据,在财政支持的基础上,会随着馆藏数量的变化而变化,当馆藏数量增加时,替旧率将会随之增长；当馆藏数量减少时,替旧率将随之降低。

第四节　公共图书馆的服务标准

一、制定与实施公共图书馆服务标准的意义

服务标准是服务质量标准的简称,是指社会上某一服务行业或机构用以指导和管理其成员开展服务行为的质量规范。图书馆服务标准,是指图书馆行业用以指导和管理本行业为所有社会成员开展信息服务行为的原则与质量规范。服务标准是图书馆通过读者服务调研和宣传推广,了解读者获取文献信息的期望或要求以后,将有价值的信息转变为服务标准,它能保证图书馆达到最佳的服务秩序和服务质量。图书馆工作人员按服务标准为读者服务,使读者可获取的文献信息充分发挥作用,从而有效满足读者的要求,让读者满意。可以说公共图书馆服务标准是衡量图书馆服务水平质量的重要指标,也是提高图书馆服务水平和服务质量的手段。

公共图书馆的服务标准将对未来公共图书馆事业的发展有着深远的影响,制定合理的公共图书馆服务标准是保持公共图书馆不断发展和具有蓬

勃生命力的重要手段：①通过对公共图书馆服务标准的研究能调动公共图书馆为读者服务的积极性、主动性，提高公共图书馆的服务能力。②研究和制定公共图书馆服务标准，形成科学合理、服务细分的一系列标准，结合公共图书馆事业发展的现实水平，提出具有前瞻性的指标体系，能够对未来公共图书馆建设和服务发展进行引导。③公共图书馆服务标准中必然会涉及图书馆各项目设置的指导性建议，落实公共图书馆以人为本的服务理念，提升和拓展现代图书馆的服务方式和手段，造就一批具有现代化特色和高服务水准的公共图书馆。④公共图书馆服务标准是对公共图书馆事业健康发展的政策性导引，有效明确了公共图书馆事业未来的发展方向。

《公共图书馆服务规范》指出，制定公共图书馆服务标准的意义在于规范公共图书馆信息服务内容与质量要求，为促进公共图书馆事业的发展，建设覆盖全社会的公共文化服务体系，保障公众的基本文化权益，改善公共图书馆的服务条件，提高公共图书馆的服务效能和管理效益。

二、公共图书馆服务标准的主要内容

目前国内各地区已经出台的公共图书馆服务标准所涉及的内容大同小异，而 2011 年颁布的《公共图书馆服务规范》则对公共图书馆的服务资源、服务效能、服务宣传、服务监督与反馈等方面做出了明确、详细的规定，对我国图书馆建设和服务发展起到了积极的促进作用。

（一）公共图书馆服务资源

公共图书馆服务资源是指公共图书馆在开展服务过程中所拥有的物力、财力、人力等各种物质要素，主要包含硬件资源、人力资源、文献资源和经费资源四种资源。

1. 公共图书馆硬件资源

公共图书馆的硬件资源中已形成的具体标准和指标包括馆舍建筑指标、建筑功能总体布局标准和电子信息设备数量指标三个方面，在公共图书馆选址设置中应按照公共图书馆建设用地指标执行，总建筑面积和阅览室座位数应按照公共图书馆建设标准执行。另外，对馆内与局域网或互联网连接的计算机网络接口数量也有相关规定：阅览室的信息点设置应不少于阅览座位的 30%，电子阅览室的信息点设置应多于阅览座位数，有条件的公共图书馆应提供无线网络服务。

2. 公共图书馆人力资源

公共图书馆工作人员应受过专业训练、具备良好的职业道德，在读者服务工作中应平等对待所有公众。尊重和维护读者隐私，热忱并努力为读者提供准确全面的信息服务。人员配置数量应以所在区域服务人口数为依据，每 10 000~25 000 人应配备 1 名工作人员。其中，具有相关学科背景的专业技术人员应占在编人员的 75%以上。少数民族自治地区公共图书馆要配备熟悉少数民族语言文字的专业技术人员。此外，公共图书馆还应坚持实施针对全体工作人员的教育培训计划。每年用于人员教育培训的经费预算应占职工年工资总额的 1.5%~2.5%，年人均受教育培训时间应不少于 72 学时。公共图书馆的志愿者队伍是公共图书馆人力资源的重要部分，公共图书馆应导入志愿者服务机制，吸引更多图书馆工作人员和社会公众加入志愿者队伍。

3. 公共图书馆文献资源

《公共图书馆服务规范》中规定，少数民族集聚地区的各级公共图书馆应承担该地区少数民族文字文献资料的收藏和服务职能，其他地区各级公共图书馆应收藏与本地少数民族状况相适应的少数民族语言文献。关于呈缴本制度的标准包括，呈缴本的入藏应符合本馆的文献入藏原则和范围，征集的品种、数量应达到地方正式出版物的 70%。公共图书馆应承担当地政府出版物的征集、保存与服务职能，设置政府公开信息查阅点，并做好服务工作。

4. 公共图书馆经费资源

公共图书馆的经费资源主要指文献购置经费，由各级政府承担，确保专款专用。省级馆年人均文献购置费应达到 0.52 元，地级馆年人均文献购置费应达到 0.3 元，县级馆年人均文献购置费应达到 0.18 元。文献购置经费应与财政收入的增长同步增加。在文献购置经费中安排电子文献购置经费，并根据馆藏结构和文献利用情况逐年提高或不断调整其与印刷型文献的比例。

（二）公共图书馆服务效能

服务效能是指公共图书馆投入的各项资源在满足读者和用户需求中体现的能力与效率，主要规定了基本服务、拓展服务和服务效率等指标。

1. 公共图书馆的基本服务

在《中华人民共和国公共图书馆法》中所称的公共图书馆，是指向社会公众免费开放，收集、整理、保存文献信息，并提供查询、借阅及相关服务，开展社会教育的公共文化设施。公共图书馆应当按照平等、开放、共享的原则向社会公众提供服务。公共图书馆应当通过其网站或者其他方式向社会公告本馆的服务内容、开放时间、借阅规则等；因故闭馆或者更改开放时间的，除遇不可抗力外，应当提前公告。公共图书馆在公休日应当开放，在国家法定节假日应当有开放时间。国家支持学校图书馆、科研机构图书馆以及其他类型图书馆向社会公众开放。

为了更好地向公众提供公共图书馆服务，公共图书馆还应因地制宜地开展形式多样的总分馆服务，通过流动站、流动车等形式，定期开展流动服务，将文献外借服务和其他图书馆服务向社区、村镇等延伸。

2. 公共图书馆的拓展服务

公共图书馆拓展服务有两个方面：一是远程服务，公共图书馆应利用互联网、手机等信息技术手段和载体，开展不受时空限制的网上书目检索、参考咨询、文献提供等远程网络信息服务。二是个性化服务，公共图书馆可为个人、企事业机构及政府部门提供多样化的、灵活的、有针对性的服务。

3. 公共图书馆的服务效率

公共图书馆的服务效率可以通过文献加工处理时间、闭架文献获取时间、开架图书排架正确率、馆藏外借量、人均借阅量、电子文献使用量、文献提供响应时间、参考咨询响应时间等指标体现出来。

文献加工处理时间以文献到馆至文献上架（或上线）服务的时间间隔计算，报纸到馆当天上架服务，期刊到馆 2 个工作日内上架服务，省级馆、地级馆及县级馆分别在图书到馆 20、15、7 个工作日内上架服务。闭架文献获取时间以读者递交调阅单到读者获取文献之间的间隔时间计算，闭架文献提供不超过 30 分钟，外围书库文献提供不超过 2 个工作日。开架图书应按照《中国图书馆分类法》分类号顺序排列整齐。省级馆、地级馆及县级馆的开架图书排架正确率分别不低于 96%、95%、94%。文献提供响应时间从收到读者文献请求至回复读者之间的时间计算，响应时间不超过 2 个工作日，并应告知读者文献获取的具体时间。公共图书馆需提供多样化的文献咨询服务方式，包括现场、电话、信件、传真、电子邮件、网上实时、短信等。参考咨询响应时间是从收到读者咨询提问至回复读者之间的时间计算，现场、电话、网上实时咨询需在服务时间内当即回复读者，其他方式的咨询服务的响应时间不超过 2 个工作日。

（三）公共图书馆服务宣传

公共图书馆服务对导引标识（方位区域标识、文献排架标识、无障碍标识）、服务告示（告示内容和方法、闭馆告示）、馆藏揭示和活动推广等方面规定了具体规范。

1. 导引标识

公共图书馆导引标识系统应使用标准化的文字和图形建立，公共信息标识应采用国家标准《公共信息图形符号第 1 部分：通用符号》（GB/T 10001.1—2012）；在主体建筑外竖立明显的导向标识；公共图书馆入口处应标明区域划分；在每一楼层设立醒目的布局功能标识。公共图书馆应在阅览区和书库设置文献排架标识，应对无障碍设施设置专用标识。

2. 服务告示

公共图书馆的服务告示需要告知读者公共图书馆服务的范围、内容和方法，读者须知，借阅（使用）规则，服务承诺等基本服务政策。因故暂时闭馆，须向上级文化行政主管部门报告并经其同意后，提前一周向读者公告。如遇公共安全、网络安全等突发事件须临时闭馆或关闭部分区域、暂停部分服务的，应及时向读者公告。

3. 馆藏揭示

公共图书馆应借助计算机管理与书目检索系统，将纸质、电子和缩微等不同载体的馆藏文献目录向公众揭示，提供题名、著者、主题等基本检索途径，方便读者查询。另外，还应通过网站、宣传资料、专题展览等形式，向公众推介、揭示最新入藏的文献和特色馆藏。

4. 活动推广

公共图书馆应通过媒体、网站、宣传资料、宣传栏及各种现代化通信手段等形式，邀请、吸引读者的参与和互动，增强和提高公众对公共图书馆的认识度。

（四）公共图书馆服务监督与反馈

在公共图书馆服务监督与反馈方面，服务标准规定：公共图书馆应在馆舍显著位置设立读者意见箱（簿），公开监督电话，开设网上投诉通道，建立馆长接待日制度，组建社会监督员队伍，定期召开读者座谈会。认真对待并正确处理来自读者的意见或投诉，在五个工作日内回复并整改落实。

另外，还对读者满意度调查的指标与机制做出了具体规定：公共图书馆每年应进行一次读者满意度调查，可自行或委托相关机构向馆内读者随机发放读者满意度调查表。省、地、县级图书馆调查表发放数量分别不少于 500、300、100 份，回收率不低于 80%。

各级公共图书馆的读者满意度应在 85%（含）以上。图书馆应对回收的读者满意度调查表进行分析，针对薄弱环节提出整改意见。调查数据应系统整理，建档保存。

三、中国公共图书馆服务标准的发展趋势

（一）与时俱进

一个标准的制定与执行不是一劳永逸的，而是一个循序渐进，不断完善的过程。面对社会发展带来的新变化和挑战，公共图书馆应积极应对，发现问题并及时修订，这样才能真正发挥标准体系的保障作用。首先，建立与时俱进的修订体制主要体现在标准的持续性上，只有和现实贴近的标准才会更有利于公共图书馆去参照并努力向标准的方向迈进。在美国、英国、澳大利亚等国家，每隔 3~5 年就会对公共图书馆服务标准进行一次修订，美国《公共图书馆标准》一年中就修订了多次，从未间断。其次，影响标准修订的因素是多角度的，社会、技术、经济、图书馆事业每时每刻都发生着变化，与社会环境、用户期望、未来的需求，以及与预期的人口增长息息相关。

（二）关注弱势群体

每个公民都有平等享受公共图书馆服务的权利，而不受年龄、种族、性别、宗教信仰、语言或社会地位的限制。残疾人由于受身体和精神等方面的制约，受到不同程度的接受文化知识的限制。我国在服务标准的制定过程中，应大力推进相关的制度建设，保证弱势群体平等自由使用图书馆资料的权利。例如，在建筑无障碍设施及空间面积的基础上，确保公共图书馆制度、资源和服务方面满足弱势群体的知识和文化需求。美国的《美国残疾人法案》《美国联邦残疾人法案建筑和设施利用指南》《公共图书馆

空间需求》《特殊需求的青少年：威斯康星资源和计划指南》等均为美国公共图书馆特殊群体的服务提供了法律基础和制度的保障。我国的相关部门应多借鉴发达国家的成功经验，使服务工作走向制度化、常规化。

（三）发展适合国情的服务标准

我国对公共图书馆服务的研究比较薄弱，传统的公共图书馆服务标准一般以办馆条件为重点评估内容，没有重视读者的成分，不利于服务质量的提升。标准的制定需要考虑各地公共图书馆的现实情况和当地人口的分布规律，使投入的资源发挥最大的效用。

我国幅员辽阔，各个地区的地理特征、人口密度和分布、经济发展状况有很大差别，在制定公共图书馆服务标准时需要适当考虑当地的服务人口和社会需求，结合我国的具体国情，不照搬照抄他国的模式，吸取和利用先进的科学方法与经验，探索构建适合中国国情的服务标准体系。此外，流动图书馆等服务形式将是提高整体公共图书馆服务水平的关键，是普及公共图书馆服务的主要形式，对我国的农村和偏远地区更是意义重大。

（四）探索创新型的服务标准

公共图书馆服务标准的制定是为了更好地提高公共图书馆服务意识，拓展服务手段和服务方式，提高读者满意度。创新是发展公共图书馆事业的灵魂。国内许多公共图书馆尚未形成自己鲜明的特色，针对这种事实，公共图书馆应将各自的特色融入服务标准中，独特的地方性是各地公共图书馆各具特色的原因所在。对公共图书馆来说，创新意味着对服务标准进行调整、设计与发展。公共图书馆人都应该认真学习、贯彻和执行《公共图书馆服务标准》，并以此为基础制定考核标准，提高图书馆员的服务质量，以促进公共图书馆事业的长足发展，这是我国公共图书馆生存价值的重要体现。本书从理论与实践两个方面对公共图书馆服务标准体系进行创新性探索，将为今后公共图书馆服务标准的发展积累宝贵的经验。

第三章 公共图书馆文献资源建设

第一节 公共图书馆文献资源规划与设计

进入 21 世纪以来，得益于国家发展公共文化事业的良好环境和文化共享工程等重大文化项目的实施，全国公共图书馆馆藏文献资源日益丰富，总藏量和新增藏量逐年增长，服务能力和社会效益不断增强。然而，读者文献信息需求的日趋多元化和地方社会经济的快速发展，给公共图书馆在完善馆藏结构、深化馆藏内容等方面提出了更具针对性的要求。因此，公共图书馆搞好自身馆藏资源建设的一个重要前提，就是必须依照科学的理论对本馆的文献资源建设进行科学、合理的规划与设计。

一、公共图书馆文献资源规划的原则

（一）思想性原则

党的"十七大"提出推动社会主义文化大发展大繁荣的重大任务，公共图书馆肩负着公共文化服务和社会教育职能，对提升整个社会的综合文化素质和精神文明水平发挥着重要作用。因此，要求图书馆收藏符合正确世界观、人生观、价值观、科学观，有利于提供良好社会公德的文献资源。

（二）实用性原则

公共图书馆应根据本馆的规模和任务，结合图书馆经费投入、读者需求特点、地方发展特色等情况，有针对性地收集和组织符合当地读者实际需求的各类文献资源。特别是在资源建设经费有限的情况下，坚持"藏以致用""以用为主"的文献资源建设理念，避免馆藏文献"大而全""小而全"，实现图书馆资源建设的最大效益。

（三）计划性原则

合理使用有限的文献资源建设经费是公共图书馆文献资源建设的关键。

公共图书馆应根据图书馆任务和发展需要，制订一定时期内文献资源发展的规划，对馆藏数量、质量和特色目标做出具体的规定，确定各类文献的选择标准、复本量和经费预算等，以便合理安排文献资源建设经费，提高文献资源质量，使文献资源建设有计划、有目的、有步骤地进行。

（四）系统性原则

系统性原则又称整体性原则，表现为文献内容的系统性和文献出版过程的连续性。在图书馆资源建设中，一方面要体现文献内容的完整性和学科之间的内在联系，保证重点文献，照顾一般文献；另一方面各类型文献，特别是连续出版物，要保持其历史延续性和学科发展的完整性，反映出每一专业领域发展变化的过程，并体现最新的研究成果。在网络环境下，还应使印刷型文献、电子文献和各种网络文献资源优势互补、协调发展，从而形成连续系统、完整统一的馆藏体系。

（五）动态发展原则

公共图书馆作为一个向读者和社会开放的系统，其馆藏文献资源本身就是一个动态系统，其文献资源建设是一个新陈代谢的过程。动态发展原则要求公共图书馆提高馆藏管理水平，重视藏书更新工作，通过优化馆藏结构、调整藏书布局、整合藏书空间等有效手段增强藏书活力，保证馆藏文献正常的新陈代谢和动态平衡，建设一个既有较高质量又有相当数量的藏书体系，提高图书馆服务效益。

（六）特色化与协调原则

特色化与协调原则，一是要求基层公共图书馆依据自身任务和读者需求、本地区文献资源分布状况等，建立有重点、有特色的藏书体系，使文献资源在内容和结构上最大限度满足当地读者需求；二是要积极参与和推动区域合作和文献信息资源共建共享，在统筹规划和各馆协商的基础上，实现区域范围内类别齐全、类型多样、整体性强、资源共享的整体性藏书体系，以满足整个社会的文献信息需求。

二、制定馆藏发展政策

文献资源建设规划可以分为长期规划和短期规划，其中长期规划的常见形式为馆藏发展政策，短期规划的常见形式为年度采访计划。

根据美国图书馆协会的定义，馆藏发展政策是指具有限定一个图书馆现有馆藏的范围，为资源的持续发展制订计划，明确藏书的优势，概述选书原则和机构目标之间的关系、总的选书标准和知识自由功能的文件。该政策立足图书馆使命，制订长远的馆藏发展规划，界定馆藏的性质、范围、发展目标和任务，明确文献选择标准与优先级顺序，并为文献经费预算和分配提供依据，以此作为文献招标采购的指南，保障馆藏发展的平衡性与一致性，同时为文献资源发展的馆际协作提供交流和共享的框架，促进馆际合作与资源共建共享。馆藏发展政策的制定与实行是有一定的时间范围的，一般以五年左右为一个周期，到期应进行调整以保持其合理性。

（一）馆藏发展政策的依据

馆藏发展政策是图书馆文献资源发展相关业务规章制度的系统性集合。馆藏发展政策将采访工作作为图书馆整体战略的一个部分加以考察，并通过制定战略性政策，阐明采访与图书馆其他工作之间关联性和系统性的逻辑关系。

公共图书馆制定完善的馆藏发展政策，需要依据图书馆自身条件和具体情况，遵循文献资源建设相关原则，构建优化的、多层次的、具有特色的、可持续发展的文献资源保障体系，以满足地方社会发展和公众对文献资源的需求；需要把馆藏发展政策放到社会政治、经济、科学、教育、文化发展的大环境、大气候中，注重文献资源体系的社会需求适应性和藏书体系的整体功能，长远满足社会知识与信息获取的需求。同时，需要考虑地区文献资源的分布状况，着眼于地区文献资源建设整体布局与协调发展，着眼于未来发展的需要。公共图书馆制定馆藏发展政策需要重点考虑以下几方面因素。

1. 图书馆的定位与服务对象

公共图书馆通常以本地区公民为主要服务对象，公民不分户籍、性别、年龄、职业、教育程度及宗教信仰都应该享有平等使用图书馆信息的权利。图书馆所有资源和服务都应该以满足读者需求为前提，在分析图书馆读者特点和读者信息需求的基础上确定图书馆的定位与发展方向。作为地区公共文化服务空间，基层公共图书馆可以通过建立丰富多元的馆藏资源，充分发挥公共图书馆教育公众、传播知识、充实文化、倡导休闲的功能。

2. 图书馆的未来发展计划

根据图书馆所服务地区的中长期规划、各类型文献（包括电子出版物和网络资源）的发展趋势，以及地区文献资源共建共享的客观可能性，基层公共图书馆可以制订符合地区发展需求和公众期望的发展计划。例如，积极提升文献资源数量和质量，举办各类阅读推广活动及图书馆利用指导活动，使图书馆真正成为公众的知识宝库与精神家园，充分发挥图书馆多元化的社会教育功能；加强信息化服务，为读者提供快速便捷的服务，运用现代化信息技术满足社会经济发展快速增长的信息需求；建立馆藏特色，加强区域合作和资源共享，扩大服务层面，满足公众多元化的信息需求。

（二）馆藏发展政策的内容

馆藏发展政策主要用于确定规划期内文献资源建设的发展目标和任务，以及实现的途径和结果，是对文献资源建设的宏观控制，其基本内容如下：

1. 文献资源的规划设计

主要是根据图书馆文献资源现状及发展定位，确定文献资源在规划期内应达到的目标和水平，所收藏文献的学科范围、类型、主题、深度，以及馆藏特色，具体内容如下：

（1）依据本地区服务人口等因素，确定规划期内需要实现的图书、报刊、多媒体及电子资源的数量及其学科分布。

（2）根据图书馆定位、任务和读者需求，确定文献资源在规划期内的收藏范围、类型、主题和深度。作为基层公共图书馆，收藏范围应与读者需求和地区特性相应，建立公众所需的馆藏；收藏类型应以纸本书刊为主，征集多媒体资源和数字资源；主题范围应根据本地区社会经济发展的特点和读者的实际需求来确定，兼顾知识性与娱乐性，配合地方特色，收藏与本地区历史和社会发展相关的文献资源；内容深度应以满足读者一般生活、休闲、学习与工作所需信息为主，根据地方经济社会发展趋势提供公众工作或学习所需的文献资源，以满足不同层次的信息需求。

（3）文献资源特色规划。馆藏特色应在现有馆藏学科类别、类型、服务对象的基础上，对读者需求、地区特色和发展趋势加以整体考虑，选取较具特殊性或馆藏量较丰富的特色主题。

2. 文献资源搜集与维护制度

主要是综合考虑图书馆的目的与任务、读者需求、地方发展的特性、馆藏特色的建立及馆藏的均衡发展等因素，确立文献资源采访、组织、复选和剔除的原则和标准，以充分有效利用有限的购书经费，并维持馆藏资料的时效性和完整性。

（1）文献资源采访制度。包括文献采访的方针、总原则和指导资源配置的采访政策。其中，文献采访的方针是指根据地方文明建设、经济和社会发展以及读者需求，鼓励资源共建共享，建设有特色和重点的馆藏体系，在本馆原有文献资源建设基础上使馆藏有计划、有重点地得到补充。

文献采访的总原则是对馆藏重点和馆藏特色的描述，应以具有版权或具有公开播放权为基本采访原则，确定全面购藏或征集入藏，以及有选择有重点入藏的文献类型或学科范围。

指导资源配置的采访政策是指依据文献专项购置经费指标，制订科学可行的计划，合理使用文献购置经费，科学地分配各类文献的采购比例，保证藏书质量。在重视印刷型文献的同时，以读者需求及发展趋势为原则，加强音像资料、电子出版物的采访，并注重各类型文献的合理协调与配置。

（2）文献资源维护制度。文献资源维护是图书馆较为重要与繁复的工作，需要对包括馆藏组织、盘点、更新、评价与剔除在内的各项工作制定规范制度。

馆藏组织制度要明确馆藏文献资源的加工工序和上架规范，并维持整齐以便读者查找，同时明确整架顺位要求，避免出现乱架，影响读者使用。

馆藏盘点制度应明确执行部门和执行周期，以确保实际馆藏与馆藏目录相符，维护馆藏文献资源的完整性，并据此掌握实际馆藏的数量，作为改进馆藏整理与典藏方式的参考。

馆藏更新制度应结合内容与外观两个因素，对内容已陈旧过时的馆藏或属连续性出版的参考资料进行更新，以便向读者提供新颖实时的文献信息；对外观损坏且不堪修复或修复费用高于书价的馆藏，可考虑重新购置；馆藏更新应持续进行，以提高读者利用率，发挥馆藏文献信息的价值。

（3）馆藏评价制度。通过定期的馆藏评价，可以切实了解馆藏学科内容分布与特征，以获得有关馆藏数量、深度及范围的可靠信息。对质的评价，可通过专家评鉴法、书目核对法、读者意见调查法等，了解馆藏范围的广度与深度是否符合图书馆的功能与设置目的；对量的评价，可通过增长量、增长率等相关数据的统计分析，掌握馆藏消长的情况，了解馆藏现状和馆藏结构；对馆藏使用情况，可通过对馆藏相关的资料加以汇总与统计分析，掌握馆藏被使用的情况和读者使用馆藏的习惯。

面对有限的空间和无限膨胀的文献增长量，图书馆应依据自身任务和具体情况形成藏书剔旧的准则和工作机制，对内容不符合图书馆馆藏发展原则、内容错误或参考价值低、已失去其时效性及已有新版可取代、严重残缺破损以致无法阅读、复本过多而使用率低的文献资源，应考虑剔旧淘汰，以确保馆藏维持稳定状态。

3. 馆际合作政策

在参与和推动区域合作以及文献资源共建共享的过程中，基层公共图书馆应改变以往各自为政的思维模式，根据图书馆在地区的作用和地位，加强馆藏特色资源的收集，增加特色资源的数量与载体形式，进而提升馆藏服务的质量，展现馆藏特色的实质效益。同时以多种方式参与当地图书馆之间的文献资源共享合作与协作，推动区域公共图书馆服务水平的整体提升。

三、制订年度采访计划

图书馆年度采访计划是为实现馆藏发展政策而制订的具体实施计划，与图书馆的馆藏发展政策相辅相成。一方面图书馆年度采访计划必须从馆藏发展目标出发，围绕馆藏发展政策进行；另一方面，馆藏发展政策需要年度采访计划来逐步体现。

图书馆年度采访计划应在统计分析上一年度文献资源建设情况的基础上，结合馆藏发展政策、年度文献购置经费和文献出版发行情况制订，一般比较详细、具体，有很强的可操作性，其具体内容如下：

（1）年度文献发展任务。根据馆藏发展政策、年度文献购置经费以及考虑涨幅后的文献价格确定不同类型文献的年度入藏计划，明确图书馆年度需要购置的纸质中外文图书数量、中外文报刊数量，以及数字资源数量等。

（2）年度入藏文献的重点和范围。根据馆藏发展政策确定的本年度藏书发展任务及各项具体要求，明确本年度入藏文献的重点和范围，以及有关国内外文献的类型、文种、载体等收集的范围，并对各类文献的复本量进行规定。

（3）各类型、学科、语种文献资源的采访经费分配比例。应根据图书馆实际情况和读者的阅读倾向，具体确定纸质图刊、数字化书刊、音像资料等的购买比例；根据图书馆读者兴趣和层次，确定不同学科文献、不同深度文献和外文文献的购置比例。

（4）完成计划的具体方法、步骤及措施，以及本年度计划开展的调查研究工作的目的、要求、对象和时间等。年度采访计划通常在上一年第四季度编制，其编制的程序包括：①总结前期采访工作情况，并整理分析有关调查研究材料，如文献的利用率和拒借率调查、读者需求调查、书目信息调查等。②根据馆藏发展政策的要求，结合图书馆年度主要工作任务，提出年度文献发展的整体要求。③根据读者需求和图书馆发展目标，依据分类法确定各类文献采购数量比例，并确定不同类型文献的复本量，计算分配各季度的采购经费。④明确采选模式和采选程序，确定采访人员的责任和权限，明确工作进度要求。⑤编写计划草案，组织讨论、修改，并送上级审批。年度采访计划应进行定期检查和年终总结，分析经验吸取教训以便改进工作。

第二节　公共图书馆文献资源选择与采访

一、公共图书馆文献资源采访工作现状

文献资源采访工作，是指根据图书馆的性质、任务、读者需求、经费状况，通过寻找、选择、采集等方式建立馆藏，并连续不断地补充新出版物的过程。工作内容包括：制定采访方针、计划和文献搜集标准，研究图书市场和书源信息，收集有关书目，调查读者需求，研究书目，进行初选和查重，领导和专家小组审核初选书目，文献订购及发订单，建立文献采访档案并归档，新书到货验收和登录，对未到文献进行跟踪，财务及账款处理，新书移送编目，收集反馈信息，复选与剔除，采访协调，质量评估等。这些是图书馆重要的基础工作，是开展各项服务工作的基础和保障，不仅决定着馆藏结构和质量，也影响着公众对图书馆服务的满意度。

（一）新时期采访工作的变化

进入21世纪，公共图书馆采访工作发生了一系列变化，主要表现如下：

1. 采访对象的变化

首先是文献资源出版数量和种类激增，而公共图书馆受购书经费和馆舍面积所限，实际入藏文献种数及相对完备程度偏低，所入藏的文献品种占年出版品种比例呈下降趋势。其次是文献资源载体多样化，大量的磁盘、磁带、光盘、网络数字化信息等新型文献载体对传统纸质文献造成巨大冲击。

2. 采访渠道的多样化

过去图书馆采访文献主要依靠新华书店，而随着文化出版事业和市场经济的蓬勃发展，目前图书馆采访文献的来源除了新华书店，还有大量民营书店、图书发行企业和网络书店可供选择。

3. 采访方式的多样化

图书馆传统文献采访方式主要以书目订购为主，以现场采购、图书交换、赠送等其他方式为辅。随着市场经济及电子商务环境的不断优化，各种文献采访模式应运而生，如采购招标、网上采购、采购外包等。科学合理地确定文献采访方案是采访人员所面临的首要问题。

4. 采访策略的改变

过去公共图书馆大多习惯于按照自己的设想、规划、资金和人员情况独立作业，文献资源建设处于一种较分散、各自为政的状态，容易造成区域内文献信息建设规模小、内容重复、缺乏协作共享等弊端。现在为实现区域内图书馆资源建设的共享，各种合作性采访、集团式采访已成为发展趋势。

（二）当前采访工作面临的问题

1. 新学科、新知识的不断涌现给采访工作带来难度

随着科学技术相互交叉、相互融合越来越普遍，新兴学科、边缘学科不断涌现，知识更新越来越快，广大读者对文献信息的需求更加迫切，对文献内容的需求也趋于全方位，这些都对文献采访工作提出了更高的要求。

2. 采访工作人员存在主观性和盲目性

采访工作人员长年累月埋首于繁重的选书、查重、验收、登录等技术性工作，容易出现凭感觉和凭经验行事的倾向，令采访工作带有主观性和盲目性，从而忽视对读者阅读行为的研究，忽视对自身科学知识水平的提

高和文化视野的扩大。

3．政府采购方式削弱了图书馆对文献源的选择权

政府采购原则上要求每年重新招标以确定供应商，但很难有一家供应商能保证每次都中标，长期、连续出版的多卷书、工具书、套书等不可能一次出齐，频繁地更换供应商可能对馆藏的系统性和完整性造成影响。

4．缺乏对采访工作的监督与评估

对采访工作的监督与评估的意义在于提供反馈信息，指出图书馆采访工作的优点与缺失。缺乏对图书馆文献利用率、利用效果以及读者和社会对图书馆文献认可度的监督与评估，则难以把握读者的实际信息需求。

另外，资源建设经费不足、图书馆空间有限等问题，依然制约着公共图书馆资源建设的整体发展。在争取地方财政加大投入力度的同时，图书馆尤其要注重资源采访方面的协作协调，利用各种地域性、行业性文献资源共建共享机制，实现资源建设与服务的社会效益最大化，避免出现重复采购、资源浪费的现象。

二、公共图书馆文献资源选择原则与标准

文献资源选择是指依据图书馆的性质和任务、服务对象的需求、地区发展的特性、馆藏特色的建立以及馆藏均衡发展的需要，对众多的文献进行鉴别、判断和挑选的过程，其结果对馆藏文献资源的质量起着决定性作用。为了以有限的购置经费建立适用的馆藏，以满足现代图书馆的功能需要，提高文献选择工作的质量和效率，文献选择工作应吸纳专家学者及一般读者参与，并由专职文献采访人员选择、采集文献。

（一）文献资源的选择原则

文献资源的选择应以合法出版物为前提，并配合图书馆的服务宗旨和读者需求拟定选择原则。

1．文献采选的基本原则

文献采选的基本原则即在文献采选时应遵循的具体原则，应具有可操作性。例如，实用性原则，公共图书馆读者阅读需求多表现为求知型、实用型和娱乐型，馆藏应以"用"为中心；经济性原则，在能够应对读者需求的前提下，根据有限购书经费选择适用文献；系统性与发展性原则，即

尽量要保持藏书内容的延续性和完整性，反映学科知识体系的交叉和联系，同时能适应时代的发展；特色化与分工协调原则，即建立有重点、有特色的专门化资源体系，同时通过区域共建共享从宏观角度形成类别齐全、类型多样的综合性资源体系。

2. 各类型出版物的采选原则

规定不同载体文献的采选原则、采选方法及所占的比例。其中，中文图书采选应依据图书馆藏书发展政策，注意藏书的学科结构和层次结构的合理组配，获奖图书及畅销图书尽量全面采选，及时入藏各学科最前沿、最重要以及经典著作；丛书、多卷书及重要的工具书等一般不出现缺订、漏订，各类入藏文献应符合馆藏规划和年度采访计划的要求；中文报刊采选应从总体上保持入藏量相对稳定，在保持原有纸质期刊的系统性和连续性的基础上，尽可能提高期刊需求满足率；外语图书报刊应根据图书馆馆藏特色及本地多元文化阅读需求，有选择、有重点地精选采购。

3. 各学科文献采选的原则及标准

应区分重点馆藏和一般馆藏，根据读者需求，调整各种文献资源的比例结构，有重点地进行资源投入，保证重点、兼顾一般，充分体现馆藏文献配置的科学性和合理性。

4. 采访文献的结构

通过划分学科结构、等级结构、文种结构、时间结构等，用以确定馆藏的完备程度、内容深浅程度以及满足特定文献需求的水平。图书馆首先应根据馆藏特色和用户需求确定馆藏的学科结构，然后根据图书馆性质与规模、馆藏内容来划分馆藏级别，并确定馆藏的文种结构和时间结构，由此形成整体馆藏文献结构。

5. 复本量

规定各类文献每种的单册采访数量。根据图书馆的性质、任务、特点和读者需求，以及典藏空间和管理能力，确定不同学科、文种、等级、类型文献的复本量。

6. 文献采访方式及渠道

各类文献的获得方式及管理办法。详见本节"三、公共图书馆文献资源的采访方式"。

（二）文献资源的选择标准

公共图书馆应该根据图书馆的性质和任务，以及广大人民群众娱乐和终身教育的需要，同时兼顾各个年龄层次和各种文化水平读者的需要，制定详细的操作性强的文献选择标准，其中需要重点考虑如下因素。

1．文献的读者对象

图书馆要选择适合读者水平、能力和需求的文献。每种文献都有特定的读者对象，许多书目则直接或间接地提供了相关信息。基层公共图书馆通常以满足读者一般生活、休闲、学习与工作的文献需求为主，同时兼顾服务地方产业经济发展的高端应用或科学研究需求。

2．文献内容的主题

图书馆应根据自身性质和任务制订详细的类目表，分别确定重点选择和一般入藏的文献主题，以指导文献选择工作。在看不到文献原件的情况下，可通过书目提供的题名、内容简介及有关评论初步确定文献主题。

3．文献的责任者

文献的责任者主要指文献的著者和编者。一般而言，公共图书馆不可能入藏某学科的全部文献，因此在选择文献时应优先考虑著名责任者的著作，因为文献的责任者在学科领域中的地位和知名度基本可以反映该文献的学术价值。

4．文献的出版者

通常情况下，应优先选择由专业或著名出版机构出版的文献。

5．文献的价格

图书馆在制定文献选择标准时，应根据自身经费情况确定文献的单种最高限价，对价格较高而又必须或应该入藏的文献，应提交具有审批权限的主管领导研究决定。

三、公共图书馆文献资源的采访方式

采访方式按照采访主体划分，可分为单馆自行采购、合作采购、集团采购和采访外包；按照经费使用权限划分，可分为政府采购和自主采购；按照采访工作方式划分，可分为预采、现采、邮购、网购、交换、调拨、征集等。图书馆应主动寻找文献来源，综合利用多种方法和渠道，以保证及时获得读者所需的文献资源。

（一）按照采访主体划分

1. 单馆自行采访

单馆自行采访是指个体图书馆根据自身的目标、任务、读者需求和经费状况，进行采访信息收集、文献选择、文献查重、文献订购、文献验收等操作。

2. 合作采访

合作采访又称协调采购、联合采购，是指某区域内的图书馆通过统筹规划，就各馆收藏范围及收藏重点进行协商，建立地区文献联合采购体系及文献资源保障体系。

3. 集团采访

集团采访是指一定数量的图书馆在协调机制下统一与书商谈判，以获得购入文献的较优惠价格，适用于批量较大或金额较高的文献。

4. 采访业务外包

采访业务外包是指将采访业务中订购前的查重、订单核对以及提交采访数据等业务外包给供应商，而馆藏发展、选书、验收等工作作为核心业务仍然由图书馆控制。

（二）按照经费使用权限划分

1. 政府采购方式

图书馆使用财政性资金采购政府采购目录以内的或者采购限额标准以上的文献，应采取政府采购方式，并针对不同的采购环境和采购对象，合理选择公开招标、邀请招标、竞争性谈判、单一来源采购、询价等政府采购监督管理部门认定的政府采购方式。对包括采购方案、采购方式和标准化作业在内的整个采购过程，应该从制度上加强规范和评估，发现问题及时调整。

2. 图书馆自主采访方式

由于文献资源出版数量庞大，政府采购中标的供应商未必能满足图书馆所有的文献需求，图书馆可以向主管政府采购的上级部门申请保留部分年度下拨经费用于自主采访，以此缓解招标采购灵活性不足的问题，同时推进馆藏建设，尤其是特色馆藏建设。

需要注意的是，采用这种采访方式一定要严格执行备案制度，按规范程序开展，以备审查。

（三）按照采访工作方式划分

1. 购买方式

（1）期货文献订购。指从文献征订目录中选择文献，获取并填制订单后向经销商发送，再由经销商按订单供应文献的方式，适用于经费充裕、采购文献品种多、数量大、长期订购的情况。

（2）现货文献选购。指采访人员到出版发行部门或书店等地挑选购买的方式，适用于采购急需文献或有专家或读者参与现场选购的情况。其中，竞拍属于现货文献选购的一种特殊形式，即通过参加拍卖会获得所需文献，适用于对古籍、手稿、善本、字画真迹等的购买与收藏。

（3）报刊预订。指通过经销商按年度提供的报刊征订目录或征订单进行订购，可分为续订、停订和新订。其中，续订即对前一年度期刊订购目录的订刊号、刊名、出版频率和价格等信息逐一核对后确认继续订购期刊的工作行为；停订即标注不再续订某种期刊；新订即将经过询价及选择的新刊清单发给经销商的工作行为。

（4）邮购。适用于向外地新华书店邮购部、出版社发行部门，以及其他学术机构、团体等组织采购零散出版物或非正式出版物，以及补配没有预订或不易现购的文献。

（5）网上采购。指通过互联网来完成文献采购的过程，即登录网上书店网站，查找相关书目，选定文献后提交订单购买。

2. 非购买方式

（1）交换。指图书馆之间或图书馆与其他文献收藏单位之间相互交换文献，以便互通有无、调剂余缺、丰富馆藏。

（2）调拨。指在上级主管部门的组织下或按照一定的协调机制，有计划地将部分馆藏文献调拨给有需要的图书馆。常见的情况包括撤销单位移交、馆际支援、调剂复本量过大的文献或呆滞文献。

（3）征集。指通过发函、专人登门访求、向社会发布广告或启事等方式，有针对性地从机构或个人那里获得珍贵文献。

（4）接受捐赠。指图书馆接受个人、单位或社会团体等所赠文献。

（5）租借。指支付短期使用费而获得文献短期使用权的文献采集方式，适用于不出卖的或无力购买而又急需的文献。

（6）复制。主要有复印、照相、录音、录像、扫描等形式，但必须注意知识产权问题。

（7）自行制作。主要是利用录音、录像和计算机等技术和设备，同时需要注意知识产权问题。

四、合理有效的文献采访对策

为了高效率、高质量地开展文献资源建设工作，必须在文献资源来源信息和需求信息、采访工作参与度、采访审批程序、采访工作规范、文献购置经费使用效益评估等方面采取合理有效的文献采访对策。

（一）充分掌握文献资源来源信息和需求信息

1. 多渠道了解文献出版发行和书商信息

文献出版发行和书商信息的收集是文献采选工作中的重要环节，工作内容包括出版发行和书商信息的收集，以及对收集到的各种不同的出版发行和书商信息进行汇集整理。

国内中文出版物主要发行信息的类型既包括邮发书目、书店书目和出版社书目，还有专题性书目、回溯性书目、参考性书目、报刊书评、网络书目信息和其他信息等。国外出版物的书目信息主要有发行商书目、出版社书目、书评报道、在版书目、网上信息、国际交换目录等。

文献采访人员可以采用订购、免费获赠、展会收集等各种方法，应用网络搜索引擎、专业网站、数据库等现代化手段积极收集国内外的文献发行信息，以保证书目收集的完备性和准确性。另外，还要加强对书商的信息收集和沟通，对书商的综合能力和服务能力，书商的经营理念、规模、服务水平、技术能力等要有清醒的认识和全面的了解。对收集到的文献出版发行和书商信息要加强综合评价，主要评价内容包括：书目信息是否完备准确、是否及时、评价内容是否恰当、到货率和到货速度等。

2. 加强信息沟通与反馈，了解读者需求

对读者需求信息的收集可以为馆藏文献资源建设提供准确的参考数据，进而提高文献采选的质量。其工作内容主要包括：①制订调查方案，确定

调查的目的、规模、范围和方法，提出时间进度和报告分析要求。②安排部门及人员，并分配调查方案和实施细则确定的各项工作。③定期检查工作进度，对工作中出现的问题加强沟通和反馈。④汇集调查数据，分析统计结果，完成读者调查报告，并提出改进的方法和措施。

（二）提高文献资源采访工作参与度

1. 发动馆内相关部门人员协助采访工作

文献资源采访要以满足读者的需求为前提，因此，要发动图书馆所有开放窗口和部门，如书刊借阅部、信息服务部等工作人员，给文献采访人员反馈来自各方读者的文献需求和意见，并对采访人员提供的采购价格昂贵的文献资源进行评议审定，以提高文献采访工作效率和工作质量。

2. 发动社会各界参与图书采选

可通过设立图书订购信息推荐处、召开读者座谈会、个别走访、随机询问等获得大量第一手资料，然后由采访人员统一收集、整理读者建议和反馈意见，以增强选书的针对性，满足广大读者一般生活、休闲、学习与工作的文献需求。另外，也可以建立"专家推荐机制"，通过向本地支柱行业的学科带头人提供文献信息服务，邀请专家为图书馆挑选优秀文献，同时利用专家推荐书目引导读者阅读，以提高图书馆为高层次人才服务的力度和深度。

（三）建立完善的文献资源采访审批程序

为了规范文献资源的采访工作，加强文献资源采购经费的监督管理，提高文献资源采购决策的制度化、科学化水平以及资金的使用效益，促进廉政建设，图书馆应根据国家有关招投标管理办法，在总结多年来文献资源采访工作经验的基础上，制定适合图书馆实际的文献资源采访审批原则与程序。

文献资源采访要以满足图书馆任务、读者对象和未来发展对文献的需求为原则，要兼顾不同的读者群体对文献的需求，注重馆藏文献的连续性、完整性和适用性，突出图书馆藏书特色，并根据读者的阅读习惯和文献的特点选择不同载体的文献，认真收集用户的意见和建议，实行责任审批制度。对单件（套）价格昂贵的文献资料要实行分级审批；对采访部门主任、分管文献资源建设的副馆长、馆长分别赋予不同审批权限；考虑到中文和外文文献的单价实际水平有较大差异，在执行过程中可以适当调高外文文献的审批权限。按照国家对大额资金支出的要求，涉及资金额度较高的文献购置，应实行在专家咨询基础上的领导集体决策。

（四）建立完善、规范的文献资源采访工作程序

文献资源采访工作规范主要是加强图书馆文献采访工作管理，规范文献采访工作操作，提高文献采访质量。主要内容包括如下方面。

（1）严格执行文献采购原则和标准，认真履行文献采购审批程序，加强文献购置经费的管理，合理使用文献购置经费，避免漏订或重购，确保图书馆文献资源建设工作做到"有规划、有计划、有预算"。

（2）掌握图书馆重点藏书的现状与趋势，了解国内外文献信息资源出版发行机构性质特点和资源特色，完备收集国内外出版发行信息，并加以整理、分析、建档和建库。充分熟悉图书馆馆藏，了解各学科、各类型文献资源收藏情况，对当前畅销图书、获奖图书、各学科经典著作和重要学术论著的收藏状况做到"家底清，情况明"。

（3）要在图书馆内各开放部门建立起有效的资源需求及资源利用信息反馈渠道，经常到读者部门听取和收集一线工作人员对藏书补充的建议，及时了解读者对文献信息资源购置和补充的意见与建议，并做好读者调研和查访记录，建立信息档案。积极开发完善读者荐购平台，及时发布书目文献信息，公开订购和入藏信息，在图书馆文献信息资源建设工作中，切实赋予读者知情权、建议权、参与权、决策权和决定权。

（4）定期组织进行采选工作检查。其中，采选工序环节检查，应包括审核选书质量和数量，抽查图书发订、验收、登记、移交等环节的工作数量和质量情况，对误采率、加工时限、书商的配书情况、业务统计、购书经费使用等方面进行专项检查；文献采购管理检查，应包括有关政府采购的法律、行政法规和规章制度的执行情况，采购范围、采购方式和采购程序的执行情况，以及图书馆有关文献采购经费管理制度的执行情况。

（5）发现问题要及时改正，并撰写检查报告提交有关领导和部门。

（五）加强文献购置经费使用效益评估

文献经费的多少决定着基层公共图书馆馆藏发展的规模、馆藏结构、资源类型和满足读者需求的程度，因此必须加强文献经费的管理，合理使用文献购置经费，有计划、有针对性地购买文献，满足不同层次读者的文献需求。

图书馆应组织专门人员（一般由主管馆长、文献资源建设部或采编部主任、财务主管、采访人员组成）制订年度文献购置经费使用计划，在制订经费使用计划时，应坚持重点优先、合理分布、互为补充、需求满足的原则。凡是与图书馆重点馆藏一致的文献资源要首先得到保障，地方建设发展和读者需求大的文献资源优先考虑，并保持文献经费在图书馆各学科门类之间的均衡，实现纸本资源与电子资源的互补，及时补充高利用率资源，切实加强文献购置经费使用的力度和广度。

文献购置经费使用是否合理可以通过使用效益评估进行分析确定，进而了解不同类型文献的经费投入与利用现状，及时调整资金的流向。在评价文献购置经费效益时，一方面要考虑重点馆藏的完备程度，因为这是一馆的特色所在，也是馆际协作和资源共享的重要文献源；另一方面要通过合理调整各类文献购置经费的比例优化文献结构，在有限的经费、馆舍和人力等条件下将满足率控制在适当范围内。

五、文献资源采访理念的创新与实践

为了提高文献利用率，近年来国内图书馆开始改变过去的"小而全、大而全"的做法，积极采访读者喜欢、利用率高的书刊，文献资源建设工作越来越重视读者的参与度。越来越多的图书馆开始进行读者参与图书馆采访模式的创新。例如，召开读者座谈会，了解读者阅读需求；拓宽沟通渠道，在网上开辟"读者之窗"和"新书荐购"专栏，让读者以荐书表、网上荐书等方式推荐图书；在流通部门放置新书采购意见箱和张贴新书书目等，让读者选择自己想看的图书；利用电子邮件等方式随时与读者进行交流等。

总的来说，这些采访模式均体现了基于读者需求的采访理念，即在文献资源采访工作中坚持以人为本，以满足读者需求为主导和驱动。这些模式意义在于增强采访工作的科学性和有效性，有利于全面系统地优化馆藏结构，缓解文献采购数量的有限性与读者日益增长的信息需求之间的矛盾，以及采访工作者知识结构的单一性与文献内容的复杂性之间的矛盾，从而提高文献利用率和读者服务满意度。

基于读者需求的采访理念在实践应用中形式灵活，较为典型的应用方式有读者荐购、读者决策采购和读者自主采购，读者参与程度由浅到深。

（一）读者荐购

读者荐购是指读者既可以通过征订目录来浏览推荐书刊，也可以在征订库中检索所需书刊并选择，还可以自己输入书刊信息以推荐自认为有价值的图书，采访人员在书目截止期限内，汇总收回的书目及电子荐购文档中的相应信息，并依此形成最终的选书策略。

（二）读者决策采购

首先由图书馆与书商确定符合藏书发展政策的预设文档，然后书商提供符合预设文档要求的机读书目记录，图书馆将机读书目记录导入图书馆自动化系统，读者通过联机公共目录查询系统查到书目记录后，或者点击链接直接阅读电子书，或者要求提供印刷本，由图书馆统一付费购买。

（三）读者自主采购

这是一种由图书馆与书商合作提供的借阅服务。图书馆为书商提供场地和销售平台，书商凭借自身规模和资金力量为图书馆提供突破图书馆购书经费限制的可借阅图书，读者既可以就室阅览，也可以外借或购买新书，其中读者外借图书视为图书馆采购，读者购买图书按图书馆与书商协议享受折扣优惠。读者自主采购是对基于读者需求采访理念的深度实践，它颠覆了对读者需求先审查后满足的传统服务理念，主动把图书采购的终审权给读者，使读者参与图书馆采购的方式更简便、更深入、更透彻，既尊重和满足读者需求，又体现了图书馆服务大众的公共定位，能更广泛地吸引公众关注图书馆建设和利用图书馆资源，使图书馆最大限度地发挥文化传播和引导的价值。

六、加强文献资源采访队伍建设

文献采访人员整体素质的高低直接影响到对图书馆馆藏文献采集的方针、原则、计划和标准的理解能力与文献采集质量的优劣，因此基层公共图书馆必须搭建合理的采访人员知识结构，加强采访人员的教育培训，使采访人员及时更新知识、技能，提高自身素质，真正从单一型人才成长为集多种知识和技能于一身的复合型人才。

（一）搭建合理的知识结构

为保障高质量馆藏文献体系的建设及馆藏特色的形成，图书馆应该根据文献资源体系建设和发展的需要，适时调整采访人员知识结构。

（1）具有比较系统的图书馆学专业知识和书目文献知识，了解图书馆的方针、任务、读者情况，掌握图书馆的文献资源体系结构、收藏的范围和重点，熟悉图书馆工作的各个环节，以便挑选适合图书馆收藏的文献资源。

（2）具有广博的科技文化知识，精通1~2门专业，掌握国内外文献资源的出版动态，善于掌握先进的工作方法，熟悉电子计算机和网络的使用，熟练掌握网上采购技能等。

（3）具有较强的研究能力，以便开展文献来源、馆藏文献资源情况、文献资源利用率等调查研究，从而广辟书源，研究图书馆的重点藏书和特色藏书，了解图书馆读者的需求情况，最大限度地提高图书馆文献资源的利用率，满足各种类型的读者的需要。

（二）加强职业道德和行为规范建设

图书馆具有保存人类文明记录、传播文献信息，以及社会教育和娱乐休闲等功能，承担着实现和保障公众文化权利、满足公众基本文献需求的社会责任。图书馆文献采访工作者要充分认识文献采访工作在整个图书馆工作中的重要地位，遵循文献资源建设的原则、规范和文献采集方针，努力提高专业水平，努力采集能够最大限度满足读者需求的文献。在文献的选择和采购过程中应公正无私，不以个人兴趣、立场、学术观点选择文献；对文献供应商和出版机构的评价和选择应公平公正，不利用职务之便谋取私利；同时应加强法律意识，遵守国家相关法律法规及行业相关准则和规范，尊重知识产权，自觉抵制文献采访过程中的各种违法违规行为，为实现图书馆的社会责任而努力。

（三）持续开展继续教育

采访人员素质的提高是一项长期的工作，随着图书馆办馆水平和层次的提高、文献种类的增多，以及文献内容深广度的加强，读者和图书馆对采访人员素质的要求也越来越高。采访人员必须具有广博的学识，通今博古，掌握外语和计算机技术，能够熟练运用计算机进行图书管理和信息分析，才能胜任采访工作。为此，基层公共图书馆可通过继续教育、集体培训、请专家来馆举办讲座等方式，有计划地对采访人员进行图书馆专业知识和馆藏相关学科专业知识的培训，提高业务素质，拓宽知识结构，进而提高文献采访的质量。同时，通过培训、讲座、读者调研等方式，让采访人员明确图书馆性质、任务和服务对象，了解馆藏结构和读者的文献需求倾向，减少文献采访的随意性和盲目性。

（四）加强社交组织能力培养

基层公共图书馆采访工作头绪纷繁、涉及面广，经常需要与书商、读者等单位和个人进行沟通和交流，协调处理各项采访事务，若没有一定的社会活动能力和组织协调能力是不能胜任采访工作的。因此，在重视采访人员思想素质和业务能力的培养与提高的同时，也要重视采访人员社会活动能力和组织协调能力的培养与提高，使采访人员善于与同行、读者、书店及出版机构等单位和个人打交道，形成一种既和谐又有创造性的气氛。

（五）提高身体素质

身体素质包括体力和脑力。图书馆文献采访工作既有体力劳动，又有脑力劳动，采访人员还需要经常出差到外地现采，因此，文献采访人员只有具有健康的身体、充沛的精力、较强的记忆力和敏捷的思维能力，才能适应紧张、繁重的文献采访工作的需要。

第三节　特色馆藏文献资源建设

特色馆藏是指图书馆收藏的，具有特定学科（或主题）、地域、历史、政治、文化背景的，或者关于某一语种、某一类型或人物的具有一定规模的成系列的文献，是一个图书馆区别于其他图书馆的馆藏特色所在。特色馆藏在图书馆文献资源建设中占有重要地位，它也是图书馆开展特色服务、满足读者更高需求的必要条件。

一、特色馆藏资源建设的意义与作用

图书馆的特色馆藏文献体现了图书馆不同于其他图书馆的特色和价值，是图书馆在合作与竞争并存的信息时代更好地生存及发展的重要保障。

（一）有利于提高经费使用效益

当今时代，知识更新速度不断加快，文献出版物增长迅猛，图书馆购书经费有限，在面对文献量剧增、文献类型庞杂、书刊价格飞涨这些状况时，图书馆根据自身的实际情况，突出重点，以有限的资金建设具有特色的馆藏，对提高图书馆经费使用效益，形成特色优势，具有积极的意义。

（二）促进资源共享

社会信息化、信息社会化使社会对文献信息资源的需求日益增长，任何图书馆都无法靠一己之力全方位地满足读者对文献信息的需求，文献资源共享已成为图书馆事业发展的必然趋势。现代信息技术为文献资源共享提供了技术条件，但传统观念下的图书馆，追求"大而全""小而全"的馆藏体系，造成了各图书馆在文献资源建设中的重复和遗漏，降低了整体文献馆藏的完备程度和知识含量，文献资源共享的社会效益和经济效益无法显现。因此，图书馆只有形成各自具有特色的馆藏体系，使文献资源布局逐步趋于合理，从整体上提高文献资源保障的水平，由此而建立起来的文献资源系统才有可能从广度和深度上满足读者的各种需求，文献资源共享才会由理想变成现实。对一个图书馆而言，收藏的文献是否有特色，是决定这个馆在文献资源共享系统中价值和地位的依据。对文献资源共享系统而言，各子系统的馆藏独具特色，互补合作，是使系统功能达到最优的重要基础。

（三）提高图书馆在本地经济文化建设中的地位与作用

图书馆根据本地社会发展、经济文化建设、科研活动等需要，建设特色馆藏资源，可以更好地利用自身资源优势，为地方经济文化建设提供智力支持，不断提高服务的深度和广度，从而使自身在社会发展中的地位与作用不断提升。

二、地方特色馆藏文献

（一）地方文献

1. 地方文献的概念

地方文献是反映特定区域内自然环境与社会环境沿革、发展和现状的历史资料和现实资料的总和。它是记载一定区域内自然、社会和人群存在、发展变化及影响的特定文献，具有很强的使用价值和保存价值，并具有"一地之百科"的丰富内涵和"原汁原味"不可替代的独有特色。同时具有"资政、励志、存史"的重要价值。地方文献是图书馆特色馆藏建设的一个重点和亮点。

对地方文献的范围，存在两种不同的理解：一种是广义的理解，即将地方文献理解为与本地区相关的一切资料，包括史料、人物、出版三个部分；另一种是狭义的理解，专指内容上具有地方特点的出版物，而地方人士著作和地方出版物，在内容上无地方特色的，则不作为地方文献处理。大多数图书馆在从事地方文献的收集与保存时都采用狭义的理解。

地方文献的类型，过去主要以纸质文献为主，载体包括书、报、刊，除此之外，对"片纸只字"，只要有文献价值的就应该列入收藏的范围，如照片、地图、邮票、钞票、火花、传单、广告、海报等。尽管其数量不多，但作为正规文献的补充，起到很好的作用。由于历史的积淀，其中相当部分不只具有文献价值，同时具有文物价值。随着网络的普及和地方性网页内容的不断丰富，数字化地方文献越来越受到图书馆的重视。

2. 地方文献的收集

地方文献的收集，是地方文献开发利用的基础和前提。随着信息技术的广泛运用，地方文献的内容、数量、形式、载体都发生了很大的变化，各种新型载体文献大量出现。图书馆应通过多种途径收集各类地方文献，丰富地方文献馆藏。

（1）建立呈缴样本制度，利用政府行为保证地方文献采集的完整性和系统性。这种呈缴样本制度，既不应局限于地方出版社的出版物，也应包括各级政府和企事业单位、科研学术部门编撰的图书、期刊、报纸、资料等（对有密级的资料，应进行技术性处理，确保机密）。

（2）构建地方文献采集协作网络。征集地方文献的工作量大、涉及面广、出版单位多，特别是地方文献中很大一部分是非正式出版物，印刷数量少，多数为一次性刊印版，基本上是在本地区或本行业范围内散发，发行途径不畅，获取的难度大。因此，公共图书馆可以通过新闻出版管理部门了解内部图书、期刊、报纸的出版情况，主动与本地区内的地方史志办、党史办、科委、政协文史委、学术团体、研究机构、教育行政部门、大中专学校、大中型企业等单位和部门加强协作，密切联系，建立长期、固定的联系合作网络，构建地方文献采集网络。同时，建立地方文献信息专家联络系统，将地方名流、专业作家以及相关企事业单位组织在一起，疏通信息采集通道，构建和完善信息采集系统，迅速、全面地采集地方文献资源。

（3）加强馆际协作，促进地方文献的交流。各图书馆要与本地区其他图书馆建立协作关系，双方互通信息，主动索取或赠送，以共同充实馆藏。另外，还要与档案馆、博物馆、文化馆等单位积极沟通合作，通过协商进行大体分工，同时编制馆际联合目录，谋求较大范围内的地方文献资源共享。

（4）扩大宣传渠道，营造地方文献征集社会氛围。图书馆可通过报纸、广播、电视等媒体或利用馆内广告牌、网站等途径，发布征集各类地方文献的消息，号召社会各界及广大读者积极参与向图书馆捐赠地方文献的活动，使社会各界广泛了解地方文献工作的重要性和意义，扩大影响，营造广泛关注地方文献征集的社会氛围，形成人人重视征集工作的规模效应，吸引更多的人捐赠和利用。

（5）举办展览征集地方文献，丰富馆藏。图书馆可以举办各类丰富多彩的地方特色展览，如地方文献征集成果展览，地方名人书画创作展，地方非物质文化遗产展，地方风貌、建设成果、历史文物遗产展，城市新貌摄影展，个人著作及手稿展，专题图片资料展，遗迹展，或举办各种比赛活动及纪念历史事件和历史人物展览等，以展览检阅征集工作的成果。同时动员和鼓励更多的各界人士向图书馆捐赠图书，扩大图书馆收藏工作的影响，促进征集工作的深入开展。

（6）广开渠道，保障经费。在文献采购经费使用上，图书馆在保障综合性文献资源收藏的基础上，应凸显对馆藏特色文献资源的收藏；积极利用地方文献开展服务活动，创造社会效益和经济效益，用部分所得支持馆藏建设；拓展国内外交流渠道，多方联系国内外的团体和个人，争取捐赠或援助。

在收集原则上，要确保重点，再涉及一般。建立具有特色的地方文献资料库，其重点应放在与地方经济、政治、历史、文献有关的学科上。

3．地方文献保存、整理和开发

凡是本馆已入藏的地方文献应设立专藏，基层图书馆可设专柜、专架，有条件的图书馆可以设立专室，以收藏和展示。

收集来的地方文献，必须进行分类编目的整理工作，编制地方文献目录，才便于读者查阅和研究参考。可按文献的内容、性质、形式编成不同用途的目录。例如，按地方文献著述形式可分为地方志书目、家谱书目、地图书目、论著书目、年谱书目、资料汇编目录；按地方文献出版形式可分为图书目录、报刊目录、图片目录等；按地方文献内容可分为地方文献综合目录、地方文献专题目录；按地方文献揭示程度可分为地方文献简目、地方文献考录。

要组织力量积极整理地方文献，确立有价值的主题进行二次文献开发，便于读者利用，通过社会的广泛利用来以用代征，以用促征。同时，要培养一支收集、整理、加工、研究、开发地方文献资源的专业技术队伍。地方文献的研究、收集、加工和开发，需要一支高素质的专业队伍。由专人负责地方文献的收集工作，此外，工作人员还要有一定的研究开发能力，有敏锐的信息意识和地方文献捕捉能力，具有较强的综合分析能力和文献鉴别能力，能够维系公共关系，拓展用户群体，并能掌握基本的计算机信息处理技术。

随着信息网络时代的发展，馆藏地方文献数字化工作成为地方文献工作的必然发展趋势。通过数字化将传统媒体的地方文献转换成数字文献，并通过网络提供给读者使用，不仅可以借助其检索快捷，使用方便，不受时间、空间局限的优势，充分满足广大读者的需求，最大限度地发挥地方文献的使用价值，真正实现地方文献资源的共建共享，而且对有效地保护珍贵的地方文献资源，减少文献的破损、遗失等现象有着积极的意义。

（二）非物质文化遗产

信息资源除文献信息外，还有载体信息，它是以人类大脑为载体并借助口耳相传的信息知识。按照其表达方式，可分为口语信息和体语信息。口语信息是人类以口头语言表述出来，但未被记录下来的信息资源，如谈话、讲演等；体语信息是以人的体态表述出来的信息资源，如舞蹈、手势等。载体信息多属于经验性，未被组织和符号化的知识信息。

传统上，图书馆只偏重保存记录人类知识的文字产品，而对非文字的文化传统、田野中的活态知识等非物质文化遗产没有给予重视。作为传播信息和发展文化的主要社会机构，图书馆应该积极关注和参与本地区非物质文化遗产的保护与传播，并将其明确纳入本馆的职能范围之内。

1. "非物质文化遗产"的定义

根据联合国教科文组织 2003 年 10 月 17 日通过的《保护非物质文化遗产公约》中的定义，"非物质文化遗产"指被各群体、团体，有时为个人视为其文化遗产的各种实践、表演、表现形式、知识体系和技能及其有关的工具、实物、工艺品和文化场所。主要内容包括：口头传统和表现形式，即作为非物质文化遗产媒介的语言；表演艺术；社会实践、仪式、节庆活动；有关自然界和宇宙的知识和实践；传统手工艺。

2. 保护非物质文化遗产是现代图书馆的重要职能

2005 年，《国务院办公厅关于加强我国非物质文化遗产保护工作的意见》中明确指出，图书馆在非物质文化遗产保存、保护、宣传、弘扬等方面，应参与其中并发挥重要作用。事实上，在联合国教科文组织《公共图书馆宣言（2022）》所赋予的公共图书馆的若干主要使命中，以下内容与非物质文化遗产的保护也具有密切联系：公共图书馆是开展教育、传播文化、提倡包容和提供信息的有生力量，也是发挥所有人的才智实现社会可持续发展、个人和平与精神充实的重要机构。馆藏和服务必须包括所有合适的载体类型、现代技术和传统资料，要以高质量、与地方需求和环境相适应并反映社区语言和文化的多样性为基本原则。资料必须反映当前趋势、社会演变以及人类成就和想象的记忆。

非物质文化遗产作为一种社会记忆，是知识的一种类型，也是人类知识文化的一个重要组成部分。随着图书馆功能的分化与增加，在现代科学技术的支持下，在创新理念的实践中，图书馆将通过对这些活态文化的采集、保存、整理、交流、传播，扩大自身功能的空间。就现代图书馆而言，参与非物质文化遗产保护、抢救各种非文献化知识信息必须与图书馆传统的文献知识融合在一起，将保存知识记忆、进行文化传播、开展社会教育、开发智力、文化娱乐等有机融合，相互补充。图书馆对非物质文化遗产文献信息化的汇集保存，将使非物质文化遗产知识与传统的文献知识互为补充，相得益彰。

3. 开展非物质文化遗产相关文献资料的收集

非物质文化遗产的相关资料具有零散性、多样性等特点，图书馆可采取多种方式加以收集和保存。

（1）横向收集。走访相关文化部门、民间团体及个人，征集有关非物质文化遗产项目的图片、文字、音频和视频资料。

（2）纵向共享。图书馆系统内开展馆际互借和馆际协作，实现各馆资源共享。

（3）自采自建。利用现代技术手段，深入民间进行调查采访，对文化遗产进行图、文、声、像相结合的立体式记录，以笔录、摄影、录音、录像等手段真实记录现场，并将其转化为数字化文档进行永久保存。

三、学科专业特色馆藏

学科专业特色是指图书馆馆藏中某类学科或某些专业文献比较系统完整，能基本满足该学科或专业研究的需要。

建立学科专业特色馆藏，图书馆应根据当地的产业特点、信息来源的多少、服务对象的需求以及经费状况等条件，确定专业主题，调整文献结构，使重点学科和优势专业的文献资源形成一定规模，并具有系统性、独特性，形成有特色的文献资源体系。例如，广东省佛山市禅城区联合图书馆成立了多个专业特色分馆，北京市东城区图书馆创办成立了"北京包装资料馆"，湖北孝感大悟县图书馆建立了法律分馆，河北正定县图书馆建立了农业分馆，四川成都武侯区图书馆建立了法律分馆等，它们通过系统收藏独具特色的专业文献资源，建设了各具特色的馆藏。

构建特色专业馆藏，应有专人进行采访、收集，通过各种信息渠道，广泛进行特色学科文献资源的汇总和收藏。

（1）与专业出版社合作，对重点收藏的某学科或专业出版物进行筛选、征订。

（2）到相关学科或专业的研究机构收集或交换内部文献资料和出版物、专业发展的实物等。这部分文献很多都反映学科科研的前端信息，是学科特色资源的一部分，通过正规发行渠道很难获得，应积极主动上门联系征集。

（3）与企业、公司建立长期合作关系，联络收集和交换相关文献资料和出版物。

四、非文献特色馆藏

在新信息环境下，随着图书馆服务和收藏功能的拓展，图书馆的收藏范围在不断地扩展，特色馆藏的内涵和外延也在逐步发生变化，很多图书馆不仅仅收藏一次文献、二次文献、三次文献，而且开始注重对实物的收藏，突破了只收集文献这一基本准则的局限，突出地方特色，彰显特色服务，在图书馆界产生了一定的影响。例如，有些图书馆为了配合地方历史研究，收集玉石、古钱币甚至当地的碑帖、牌匾、书画作品等，且形成了一定的规模，对研究当地的历史沿革、地方志等起到一定的积极作用，在图书馆界也产生了不同的反响。虽然对此举的说法不一，但代表了近段时期我国一些图书馆在特色馆藏建设过程中捕捉到的闪光点，并有不断扩大、竞相模仿的趋势。

实物资源与文字资源的有机整合是多方位建设特色馆藏资源体系，丰富地方人、事、物的立体形象和生命力的重要内容和方式。许多地方历史悠久，物产丰富，人文荟萃，留下的实物资源不少，如古建筑、石刻、匾额、历史照片等特种资料。在对实物资源的采集中，应引起我们充分注意的还包括因城镇建设即将被改变的、有明显地方特色的、具有历史文化价值的建筑群落和生活群落的照片、录影等。

五、其他特种文献资源建设

（一）古籍

所谓古籍，主要指书写或印刷于 1911 年以前，具有中国古典装帧形式的书籍。图书馆中收藏的古籍都会被作为珍品特藏的镇馆之宝。

古籍基本上可以分为两大部分：一部分是古籍特藏，即 1911 年以前抄写或印刷的文献，这一部分是特藏的主体。除了抄本外，古籍的印刷形式主要有三种：雕版印刷、活字印刷和套版印刷。常见版式包括：卷轴装、经折装、包背装、蝴蝶装和线装等。另一部分则是古籍的复制本，包括铅印、影印和石印等多种类型。

古籍特藏文献的主要收集方式为国家调拨、无偿捐赠、购买和交换，其中购买分为私人出售、书店选购和拍卖会竞买三种形式。近年来古籍的收集以捐赠和购买较为常见。

古籍特藏是图书馆各类文献中最为珍贵和重要的文献，收藏有古籍的图书馆必须具备良好的保存条件和严格的保护措施。古籍保护一般分为原本保护和再生保护两个方面：前者主要是对古籍原本进行妥善保存和修复；后者是对古籍进行影印或整理，对古籍的形式和内容进行转移保存和再揭示，通过开展出版、缩微和数字化等工作，使古籍化身千百，永久传承。

为实施"中华古籍特藏保护计划"，2006 年国家文化部委托国家图书馆主持制定了《古籍定级标准》《图书馆古籍特藏书库基本要求》《古籍特藏破损定级标准》《古籍修复技术规范与质量要求》《古籍普查规范》五项标准，这些标准相互关联，为确保"保护计划"的有效实施奠定了基础，同时为各级图书馆开展古籍保护工作提供了标准规范。

2007 年 1 月，国务院办公厅下发了《关于进一步加强古籍保护工作的意见》，确定了古籍保护的工作方针是"保护为主，抢救第一，合理利用，加强管理"，提出了开展古籍普查；建立古籍联合目录、古籍数字资源库及《国家珍贵古籍名录》；命名"全国古籍重点保护单位"，改善古籍存藏环境；培养一批古籍保护专业人员；加强古籍整理和研究利用，特别是应用现代技术加强古籍数字化和缩微工作等古籍保护总体目标和任务。在我国历史上由中央政府发布古籍保护的方案并统筹实施尚属首次，充分体现了国家对古籍保护工作的高度重视，它为各级图书馆开展古籍整理和保护工作提供了政策保障。

（二）政府信息资源

政府信息资源是指一切产生于政府内部或虽然产生于政府外部但对政府活动有影响的信息。从这个定义可以看出，政府信息资源包含两方面的内容：一是指政府行政机构在行使公共权力、管理国家事务及社会公共事务的过程中产生的信息资源；二是指虽然产生于政府外部，但却处于政府部门最关心的目标范围内，具有某种广泛性意义和参考价值、对全局有一定影响的倾向性信息资源，如经济活动信息、科技成果信息等信息资源。

修订后的《中华人民共和国政府信息公开条例》，自 2019 年 5 月 15 日起施行，其中第二十五条规定，各级人民政府应当在国家档案馆、公共图书馆、政务服务场所设置政府信息查阅场所，并配备相应的设施、设备，为公民、法人和其他组织获取政府信息提供便利。行政机关可以根据需要设立公共查阅室、资料索取点、信息公告栏、电子信息屏等场所、设施，公开政府信息。行政机关应当及时向国家档案馆、公共图书馆提供主动公开的政府信息。这些规定使公共图书馆成为政府信息公开的重要场所，也是政府信息资源的保存基地。图书馆只有具有一定规模的政府信息资源，才能确保相关服务职能的实现。政府出版物寄存制度为公共图书馆政府信息资源的收集与积累提供了有效的途径与制度基础。《政府信息公开条例》已经给出了建立寄存图书馆制度的雏形：一方面要求政府部门在各地区指定相应的图书馆收藏政府出版物，这些出版物包括以往的政府出版物和现有的出版物（含印刷型、缩微型和电子型），从而为公共图书馆提供政府信息服务提供资源保障；另一方面要求图书馆建立政府信息出版物特色资源库与专门阅览室，负责收藏政府公报、统计调查等政府出版物，并提供图书、期刊、报纸、视听资料、多媒体等文献为政府和公众服务。

公共图书馆应发挥自身专业优势对政府信息进行科学组织、加工、整合，根据当地的实际情况，形成当地政府信息公开的分类体系；对政府信息做出深度标引，设计多途径、多角度的索引方式，形成方便检索的政府信息检索平台或数据库。同时可以不定期地就某些重要问题、热点问题，整合或编纂专题性的政府信息汇编，或形成累积性的专题资料数据库。另外，图书馆还应积极参与政府信息公开目录、指南、索引、摘要的编制工作，有条件的图书馆应该利用自身特长通过分类、汇编、知识挖掘等各种技术与方法对政府信息及其他相关信息资源进行有效的整合，开展知识创新服务。

（三）工具书

工具书是按一定排检次序把有关知识、资料或事实加以汇编，专供检索查考的书籍。因一般不以系统阅读为目的，而是作为在需要时查考和检索知识使用的辅助工具，故称工具书。

工具书从内容和功用上大致可分为三类：①检索型工具书，包括书目、索引、文摘。②辞书型工具书，包括字典和词（辞）典。③参考资料型工具书，包括百科全书、类书、政书、年鉴、手册、名录、表谱、图录，以及其他参考性资料。

在工具书的馆藏建设上，除了贯彻求新、求精、求全、求特的采购原则外，在订购及典藏方面，还要注重以下几点工作：①字典、词（辞）典等辞书类工具书及时更新，保持连续性与完整性。这类工具书的特点是更新快，因此要及时更新版本。②综合性与专科性相互补充。工具书按其内容性质可区分为综合性工具书和专门工具书。综合性工具书需求人数多，读者对象广，是图书馆不可或缺的馆藏；具有专科性质的专门工具书则可以根据本地具体需求情况有选择地采购。③特殊工具书与相应馆藏配套典藏，方便使用。主要是一些与古籍关系密切的工具书，如《中国丛书综录》《中国古籍版刻辞典》《中国古籍善本书目》等，可入藏古籍阅览室，以利读者使用。

（四）标准文献

国际标准化组织将标准定义为，为在一定范围内获得最佳秩序，对活动或其结果规定共同的和重复使用的规则、导则或特性的文件，该文件经协商一致制定并经一个公认的机构批准。标准种类繁多，按制定和发布机构的级别及适用范围可划分为国际标准、区域标准、国家标准、行业标准、地方标准及企业标准；按标准的内容性质可划分为技术标准、管理标准和工作标准。所有标准都可根据其约束效力分为强制性标准和推荐性标准。

图书馆馆藏标准包括印刷型标准文献资料、标准数据库、网上免费标准查询网站，如《国家标准全文数据库》《中国标准数据库》《中国行业标准全文数据库》《国外标准数据库》、万方数据服务平台的《中外标准数据库》、中国标准服务网（www.cssn.net.cn）、国家标准化管理委员会网站（www.sac.gov.cn）、中国环境标准网（www.es.org.cn）、中国标准化研究院网站（www.cnis.gov.cn）、国家科技图书文献中心《国外标准库》、国际标准化组织（International Organization for Standardization，ISO）世界标准服务网（World Standard Service Network，WSSN）等。

公共图书馆在收集各类标准文献过程中，应结合本地区工农业生产的重点，有选择地收藏行业标准，开展标准文献特色信息服务，在促进标准信息公共传播上发挥积极作用。

（五）专利文献

专利文献是实行专利制度的国家及国际性专利组织在审批专利过程中产生的官方文件及其出版物的总称。早期专利文献称"专利证书"或"发明专利证书"，它是授予发明人独占的法律文件。专利说明书，即对发明的描述，包括对要求获得独占权的描述，在当时仅仅作为该法律文件中的一部分。现代专利文献，根据其不同功能，分为三大类型：一次专利文献、二次专利文献和专利分类资料。作为信息资源的重要组成部分，专利文献已成为推动科技、经济、文化和社会发展的重要杠杆，且被越来越多的有识之士认识和运用。

专利文献除纸质型文献外，还有缩微胶卷、平片和光盘等多种载体形式，随着网络技术的不断发展，现在部分专利文献可以通过网络传输下载获得。

图书馆可以结合本地相关部门的重点攻关课题或企业的科研项目，在充分了解读者需求的基础上，有目的地收集相关专利文献信息资源，并将分散的关于某一课题的专利信息文献最大限度地集中起来，加以归纳整理后，编制成专题目录或专题索引、综述或专题报告，及时提供给单位和科研人员利用，真正做到提供高层次的专利文献服务。

（六）馆史资料

馆史资料是记录和反映一个图书馆自身建设和发展历程的史实资料，包括文字资料、图片资料和各类实物资料。

公共图书馆是我国文化事业的重要组成部分，是社会政治、经济和科技进步的重要标志和积极促进者，每个图书馆对自身在建馆、立馆过程中留下的珍贵资料都应好好收集和保存。

图书馆馆史资料的收集工作，一方面必须依据原始档案资料，全面、精炼、系统地汇聚史料，为日后的馆史编纂工作提供可靠、翔实、丰富的史料；另一方面要加强口述历史的收集与考证。史料收集人员应以本馆档案资料为重点，依据档案目录调出相关主题卷宗，从中查找所需史料，同时，还应浏览相关的书刊资料，以扩大图书馆馆史资料的收集途径。收集的史料必须坚持资料真实准确，做到有史可鉴，有据可依，以免以误传误，贻误后人。

对收集的馆史资料可按相关主题类别加以整理编辑。图书馆利用馆史资料编史修志、举办馆史展览，对记录和反映图书馆发展历史，加强馆员爱馆教育和精神激励，增进社会公众深入了解图书馆具有重要意义。

（七）珍贵馆藏

珍贵馆藏包括名人字画、受赠名家藏书、珍贵纪念品、受赠礼品及其他馆藏贵重物品。

图书馆应建立珍贵馆藏档案和目录，并设专库或专柜保管，做好防潮、防水、防蛀、防腐、防尘、防震、防污染、防紫外线等技术预防工作，安装防盗报警设备。为加强珍贵馆藏的管理，确保安全，应建立相关管理制度。

第四节　馆藏文献资源的评价

馆藏文献资源的评价是图书馆有系统、有组织地评价某一特定时间内图书馆的文献资源及其效益，即依据一定的标准对馆藏的数量和质量进行计算、分析与判断。

图书馆通过定期和持续地开展馆藏文献资源评价，可以了解馆藏文献资源的建设情况，包括馆藏的数量、范围、深度、可支持服务需求程度等信息，对馆藏发展是否符合图书馆的方针任务，是否能满足读者对文献信息的需求，是否能支持本地经济文化建设的发展做出判断和评价，为制定或调整馆藏发展政策，改进文献采访工作，开展馆藏补充、复选、更新等工作提供参考依据。馆藏文献资源评价是图书馆文献资源建设工作的重要内容，也是图书馆管理的重要方法之一。

一、馆藏文献资源评价的原则

（一）科学性原则

这是进行馆藏文献资源评价应遵循的根本原则。科学性原则要求各项评价指标都要有明确的含义和目标导向，要能反映馆藏资源的主要因素和内在联系。

（二）系统性原则

在指标的设置上要综合考虑评价对象、评价目标及各指标本身的特征，全面且有重点地反映各因素之间的关系，尽量避免指标的重复性，使整个评价目标和评价体系成为一个有机的整体。

（三）实际性原则

根据图书馆的实际情况进行馆藏评价。评价对象可以是馆藏的一部分，也可以是全部馆藏。评价所选取的时间既可以是根据情况变化的，可以按年度进行，或者针对某一时段内的馆藏进行评价。

（四）通用可比性原则

评价指标体系需具备纵向和横向的比较功能，即评价指标要有通用性和可比性。既可以对同一类文献资源不同时期的使用人信息进行比较，又可以对同类不同载体的信息资源进行比较。

（五）可操作性原则

馆藏评价指标应遵循定性和定量相结合的原则来制定，其各项指标的收集及评定要具有较强的客观性和可操作性，尽量减少主观性指标，增加客观性指标。客观性指标应简便易行，控制评价指标的总数量。

（六）目标导向性原则

进行馆藏文献资源评价不仅仅是为了评出这部分资源的优劣，更重要的是通过评价支持和影响图书馆的决策，使其更清楚地认识自身资源的各项情况，对图书馆的管理和决策有着正确的目标导向作用。

（七）经济性原则

在选择馆藏评价方法时，应选择能够实现评价目标的省时、省力、省经费的方法，同时在评价规模和评价人员的确定方面应尽可能遵循该原则。

（八）制度化原则

图书馆必须经常地、有计划地开展馆藏评价，并建立相关的规章制度，保障馆藏评价工作的有序开展。进行全面系统的馆藏评价不仅需要较长的时间，更需要动用大量的人力、物力和财力，5~10 年作为一个评价周期较为合适；对馆藏的一个方面或一个部分的评价则应作为一项经常性的工作开展。

二、馆藏文献资源的评价指标

文献资源评价是对不同学科、不同文种、不同类型文献的采访、收藏、使用及物理状态等进行评价，包括馆藏数量和质量两个方面。

（一）馆藏数量的评价指标

馆藏数量是图书馆开展服务工作的物质基础，是衡量图书馆事业发展状况的主要标志之一。图书馆通过馆藏书目系统，进行馆藏总量和各类型文献量的统计，测算满足用户需求的程度。进行馆藏文献数量的评价，可以依据国家及地方相关部门颁布的有关文件标准，此外，图书馆所制定的规划与相关规定，以及在进行馆藏评价的过程中所积累的经验也可作为馆藏评价的计量标准。对馆藏文献数量的评价指标主要包括以下几方面。

1．文献资源保障率

文献资源保障率，即每个读者平均占有的图书馆馆藏量。若没有一定数量的文献资源，图书馆的服务就无法开展，但馆藏量的增长与满足读者文献需求的能力并不成正比。如何根据自身的发展状况确定合理的馆藏量，是图书馆需要探索研究的。目前，文献保障率仍是评价馆藏数量的一个重要指标。

2．读者满足率

读者满足率，即读者在实际使用中获得的文献数量与其实际需要的文献数量之比。馆藏文献资源建设的根本目的在于最大限度满足读者的文献需求。一方面，图书馆的文献资源品种齐全，数量上形成相当的规模，对读者的满足程度越高越好；另一方面，对一个具体的图书馆而言，不可能也没必要完全满足所有读者的文献需求。根据我国图书馆的现状，一般认为满足率在 75%~85% 之间是比较理想的藏书规模，其余部分应当通过馆际互借、资源共享来解决。

3．文献资源覆盖率

文献资源覆盖率，即馆藏文献中占本馆各学科领域文献的比例，它是图书馆收藏文献完备程度的重要标志。就全国文献资源整体系统来说，这种覆盖率应该越高越好。就图书馆自身而言，应根据自身需要和可能的条件，只有在某一学科领域达到一定的馆藏，才能形成一定的特色。

4．馆藏文献增长量

对馆藏文献增长量的评价，即是评价增长的数量是否科学、合理。一般将年平均增长量作为馆藏文献增长量指标。馆藏文献增长量太低，造成馆藏文献贫乏，知识断层，读者利用文献受到限制；馆藏文献增长量过高，造成大量无用文献进入图书馆，文献利用率下降。

（二）馆藏质量评价指标

图书馆文献资源建设的好坏，主要是看其是否符合社会发展的需要，能否满足读者需要，即通过馆藏质量来判断的。馆藏质量不但是衡量图书馆办馆水平高低的重要标准，而且直接影响着图书馆的服务工作。因此，馆藏文献质量评价是图书馆文献资源建设过程中的一个重要环节。馆藏质量的评价指标主要有以下几方面。

1. 文献资源的结构

文献资源的结构包括学科结构、类型结构、文种结构和时间结构。

学科结构是指各类学科专业文献的比例结构，它是馆藏结构中一个最基本的部分。根据需求层次，图书馆学科馆藏等级分为完整级、研究级、学习级、基本级和最低级五个级别。相对其他类型图书馆，公共图书馆在满足学科信息需求的能力方面相对偏低，大部分都处于学习级和基本级，甚至是最低级。因此，图书馆应结合本地经济文化发展和本馆读者实际需求结构，划分收藏级别和规定收藏目标，优化馆藏学科结构。

类型结构是指馆藏体系中各种不同出版形式、不同载体的文献结构状况，主要考虑图书期刊比例、纸质文献与数字文献比例。各图书馆可根据本馆经费情况、网络化和数字化的条件来构建类型结构比例。

文种结构是指馆藏中各语种文献的结构状况。图书馆对某一学科领域收藏文献涉及的文种越多，其完备程度也相对越强。由于受到经费限制，更主要是受到读者在信息需求方面的制约，除民族地区公共图书馆的少数民族语言文献有一定的优势外，多数公共图书馆在非汉语文献方面很难形成优势。

时间结构是指按文献出版时间划分的层次结构。根据文献半衰期理论，文献价值随着时间的流逝而逐渐降低直至消失（特殊文献除外）。3~10年的文献其老化程度进入半衰期，11~20年的文献内容被视为陈旧，20年以上的文献内容基本失去了利用的价值。图书馆应掌握各学科文献的半衰期，合理调整文献时序比例，及时补充更新相关文献资源，定期剔除价值低或者已经丧失价值的文献。例如，计算机学科比数理化学科文献老化速度快，保存时间就相应有所区别。目前，馆藏文献时间结构大致可分为1~3年、4~10年、11~20年、20年以上四个等级。

2. 文献资源的利用率（流通率）

利用率的高低是文献资源质量和结构等方面的综合反映。收藏的文献资源质量越高，读者使用频率就越高。对书刊评价标准，借阅率是最基本的反映。另外，图书馆也可在一定时期内选定相关种类馆藏资源的读者，对其使用情况进行跟踪调查，获得利用率数据，从而为馆藏的合理配置提供依据。目前，我国大部分图书馆的文献使用率较低，馆藏质量可能是其主要原因。有专家指出，图书馆应争取馆藏利用率达到75%，至少不能少于50%。

3. 文献资源的知识信息含量

读者信息需求的满足在很大程度上取决于图书馆文献资源的知识信息量。衡量文献中知识信息含量的一种比较可行的评价标准是考察核心文献的拥有率。对馆藏文献利用与流通分布状况的研究表明，25%的文献提供了流通的75%，50%的文献提供了流通的90%。这就是说，大多数的读者需求集中在少数核心文献上，而核心文献实际上就是科学信息和知识含量大的文献。因此，通过测定馆藏核心文献的占有率，就可以比较客观、准确地评价文献资源的知识信息含量。

图书馆面对庞大的出版发行信息，不能盲目选择，应合理利用图书馆经费，保证学术价值高、内容新颖的核心文献的收藏。对图书文献，可以根据学科核心书目等，保证核心图书的入藏；对中文期刊文献，可利用北京大学四年一版的《中文核心期刊要目总览》、中国科技信息研究所每年出一次的《中国科技期刊引证报告》、中国科学院文献情报中心建立的中国科学引文数据库（限于理工科期刊）、中国社会科学院文献信息中心和社科文献计量评价中心共同建立的《中国人文社会科学核心期刊要览》等圈定各学科的核心期刊范围，保证核心期刊的入藏。

文献资源建设与评价是动态的、发展的，两者具有互动性，文献资源建设的评价往往滞后于文献资源建设。图书馆建立健全科学的文献资源评价体系，将对提高文献资源建设质量起到巨大的推动作用。

三、馆藏文献资源的评价方法

（一）评价需考虑的因素

（1）确定评价馆藏文献资源的范围，即评价全部或是部分馆藏。

（2）确定馆藏评价的目的。评价目的不同，评价的内容和方法也不尽相同。

（3）选择适当的评价方法。

（4）预估实施评价所需的资源。

（二）评价方法

对图书馆馆藏资源的评价，主要从三个角度出发：①根据其本身的各项特征构建的评价指标体系。②馆藏资源对读者信息需求的满足能力和信息资源被利用程度。③馆藏资源的利用率和使用效益。将三个方面相结合，做到多方面、多角度地选取评价指标，尽可能客观、科学地对馆藏资源做出合理评价。

目前，馆藏文献资源的评价方法包括以下几种。

1．自我评价法

图书馆工作人员，通过定期对馆藏文献资源进行统计分析，从不同侧面进行评价。例如，评价文献增长量、文献文种结构及文献类型结构是否合理，文献的知识信息含量是否适合于读者需求，文献出版时间是否较新等。

2．读者评价法

读者评价法是图书馆最常用的定性方法，主要是通过对读者的调查实现的，一般采用召开读者座谈会、发放调查问卷的形式。

这种方法根据读者反馈的关于馆藏的意见，使图书馆了解并掌握他们对不同类型文献的阅读需求，为制订馆藏补充计划提供可靠依据，为馆藏文献资源建设工作提供有价值的反馈信息。它操作简便，适用于各类图书馆。但是，在进行读者调查时除设计调查表比较烦琐外，被调查读者的代表性、读者答题的真实性和调查得到结论的推广性等方面也都存在不足，读者的意见有时是主观的、零碎的、片面的，读者相对窄小的兴趣范围与图书馆要满足大多数读者需求之间形成了矛盾。所以，在定性分析基础上，我们有时还需要借助定量方法来科学评价馆藏。

3．流通分析法

图书馆的文献资料大部分可供读者外借使用，因此，流通记录是了解读者使用馆藏状况的一种具体依据。图书馆可依据流通记录中所记载的读者类型、图书类别、语言、出版年、入馆日期等来分析读者使用馆藏的情形。

通过流通分析法不但可以了解读者的需求和借阅情形，而且评价资料易归类分析，评价结果较为客观，但它对读者在馆内使用文献资料的情况无法全面反映，造成评价结果与实际情况会有一定的偏差。

4．书目核对法

书目核对法是将被评价的馆藏与标准书目、核心书目或权威性的馆藏目录逐一进行核对，以评价馆藏文献收藏的完备程度。例如，国内出版的社科新书目、科技新书目等，这些目录中所列"必备文献"的收藏情况，可以反映一个图书馆馆藏文献的质量，同时可以通过确定核心出版社的方法来评价图书。

书目核对法的优点是核对的过程比较容易进行，使用标准书目，评价的结果具有一定的权威性，同时能明确地指出馆藏所缺乏的资料，可凭此弥补馆藏的不足。缺点是许多标准书目不常更新修订，容易过时；书目不一定符合各个图书馆的个别所需；书目中所列的图书数量有限，不能以少数馆藏来评价全部馆藏的质量；某些学科难以寻获合适的核对书目。

5．引文分析法

引文分析法是对文章后面的参考文献进行统计分析，确定馆藏核心图书和期刊，考察图书馆馆藏满足读者从事学术研究活动的程度，为制定馆藏文献资源建设政策提供针对性强的第一手资料。此种方法对学术图书馆、专门图书馆或是其他有特定读者的图书馆较为适用。

引文分析法的优点是可了解读者使用文献资料的特性，明确指出读者已使用而图书馆未收藏的资料，借以弥补馆藏缺失；可收集全部或某类读者的文章加以分析，具有弹性。缺点是无法完整反映读者使用馆藏的情形。由于作者引用的理由较多，甚至存在伪引和虚假引用等现象，因此，分析的结论并不十分可靠。另外，文献被引用需要一段时间，故无法评价新入藏的馆藏。

目前国内还没有一套统一评价馆藏资源的评价方法和指标体系，有关馆藏文献资源评价的研究一般都只是从某一角度或某一资源类型开展的评价。馆藏文献资源的评价比较复杂，单纯用某一种方法评价馆藏文献质量的高低难以准确、客观和全面，因此，可以考虑定性与定量相结合进行分析评价。对难以量化的标准可以采用定性评价的方法，定性评价简单易行、适应性较强，而定量评价具有客观性、准确性，两种评价方法结合进行可以互相取长补短，贴近客观实际。

随着电子网络信息技术的发展，我国大部分公共图书馆目前的馆藏资源都包含两部分，文献资源和数字资源（或称电子资源），因此在进行馆藏资源的评价过程中，应充分考虑两种类型资源的相互补充、相互作用。

第四章　图书馆人力资源建设

第一节　图书馆人力资源的内涵

一、图书馆人力资源概念

图书馆人力资源是指图书馆所拥有的知识、经验、技能、个人魅力、团队意识等，能为图书馆带来持久性效益，提升图书馆价值的群体的总称。同时可以将其理解为具有连续不断地获取、积累、利用和创造知识的组织能力。在图书馆的科学管理中，最能动的资源是人力资源，它具有主动性、积极性和活跃性特征。通过人力资源投资形成特定技术结构和人力资源存量，对这些不同形态和专业化功能的人力资源按照组织目标及要求加以激励使用、整合配置和协调控制，能够达到人力资源保值增值，实现图书馆效率和价值最大化的目的。

二、图书馆人力资源的特征及作用

（一）图书馆人力资源的特征

"人力资源"一词，英文名为"human resource"，是 1954 年管理大师彼得·德鲁克在《管理的实践》一书中提出来的，是指人的知识、技能、健康等各种能力的总和。从经济学意义上讲，人力资源（Human Resources）是生产力的要素之一，是一定范围内的人口总体所具有劳动能力的总和，它是以劳动者的数量和质量表示的资本。从管理学的角度分析，人力资源又必须以人为载体，是能够推动社会和经济发展的具有智力和体力的人的总称。人力资源同土地、矿山等用来满足人类需要的自然资源相比的差异在于：人力资源作为生产要素，是生产的承担者；作为生产要素的载体，又是生产发展目的的实现者。作为生产力要素的人力资源个体，通常认为是由健康、知识、技能和态度四项要素所组成的。它们是人力资源的资本属性要素，也是人力资源的构成要素。在人力资源的四项构成要素中，健康属于人力资源的生理因素，知识和技能可以概括为智力因素，而态度既含有心理因素，也含有伦理因素。

作为一种特殊的资源形式，人力资源具有不同于其他资源的特殊性，主要表现在以下几个方面：

1．生物性

人力资源的载体是人，是自然人。因此，它是有生命的"活"的资源，具有天然生理构成的方方面面和出生、成长、死亡的自然生理发展过程。

2．时效性

人力资源与自然资源不同，它的形成、开发和利用都要受时间方面的限制。从个体角度来说，作为生物机体的人，有其生命周期；从社会角度来说，人力资源也有培养期、成长期、成熟期和老化期。在人的发育成长期之前，体力和脑力还处在一个不断增强和积累的过程，这一时期人的体力和脑力还不足以用来进行价值的创造，还不能称之为人力资源。当人进入成熟期，体力和脑力的发展都达到了可以从事劳动的程度，可以对财富的创造做出贡献，因而就成为现实的人力资源。当人进入老年期，其体力和脑力都不断地衰退，越来越不适合进行劳动，也就不能再称其为人力资源了。

3．智力可变性

人力资源具有一定的可变性。一方面，人在劳动过程中会因为自身心理状态的不同，而影响到劳动效果；另一方面，在人一生中，智力是会随着年龄的变化而变化的，有高低之分。所以，智力的不断开发，是人力资源开发和管理的重要组成部分。

4．再生性

资源可以分再生资源和不可再生资源两大类，人力资源是可再生资源。人类的繁衍生息，使人力资源取之不尽、用之不竭，而人力资源的再生性又不同于一般生物资源的再生性，因为只有人脑才有高级思维活动。

5．能动性

人力资源是劳动者所具有的能力。在价值创造过程中，人力资源总是处于主动的地位，是劳动过程中最积极、最活跃的因素。人具有主观能动性、潜在可挖掘性。所以，意识可强化、观念可创新。这些特点既是人力资源管理的基础，也是人和动物的本质区别。

6. 社会性

人生在群体当中生活，是社会性的高级动物。从宏观的角度看，人力资源总是与一定的社会环境相联系的，人所具有的体力和脑力明显受到时代和社会因素的影响，因而具有社会性。从本质上看，人力资源是一种社会资源，不但会产生经济效益，还会产生社会效益。

7. 开发性

与图书馆的设备、经费等物质资源的一次性开发不同，人力资源可以在其成长和开发的过程中不断地进行优化。人力资源具有多种潜在的素质，人力资源个体在工作中表现出来的往往是能力的一小部分，其更多的能力由于缺乏适当的环境而被埋没。因此，图书馆管理者要想方设法利用各种方式手段，促使人力资源的素质、能力在实践活动中不断地被开发出来。

（二）图书馆人力资源的作用

无论是对社会还是对图书馆组织而言，人力资源都发挥着极其重要的作用。

1. 人力资源是财富形成的关键要素

人力资源作为一种"活"的资源，不仅同自然资源一起构成了财富的源泉，而且在财富的形成过程中发挥着关键的作用。社会财富是由对人类的物质生活和文化生活具有使用价值的产品构成的。自然资源不能直接形成财富，必须有一个转化的过程，而人力资源在这个转化过程中起到了重要作用，它使自然资源转变成为各种形式的社会财富。应该说，没有人力资源，社会财富就无法形成。另外，人力资源的使用量也决定了财富的形成量，人力资源的使用量越大，创造的财富就越多；反之，创造的财富就越少。正因为如此，人力资源被认为是财富形成的关键要素。

2. 人力资源是社会经济发展的主要力量

人力资源不仅决定着财富的形成，而且它是推动社会经济发展的主要力量。随着科学技术的不断发展，知识技能的不断提高，人力资源对价值创造的贡献力度越来越大，社会经济发展对人力资源的带领程度也越来越深。现代以及将来经济持续、快速、健康增长的主要动力和源泉不再是物质资源，而是知识、技能等人力资源。

正因为人力资源对经济发展的巨大推动作用，目前世界各国都非常重视本国的人力资源开发和建设，力图通过不断提高人力资源的质量来实现本国经济和社会的快速发展。

3. 人力资源是图书馆组织的首要资源

图书馆组织要想正常地运转，必须投入各种资源，而在图书馆组织投入的各种资源中，人力资源是第一位的，是首要的资源，是保证图书馆组织最终目标得以实现的最重要的也是最有价值的资源。

综上所述，人力资源是促进图书馆效能发展的第一要素。图书馆人力资源的品德素质、行为能力与行为规范等是图书馆效能提高的基础、条件和手段。在影响图书馆效能的诸多要素中，人力资源是最重要的要素，也是最活跃的要素，是图书馆最具生命力的物质力量和精神力量的源泉，它决定着图书馆工作的质量，影响着图书馆工作的效益，是图书馆事业的"灵魂"。

三、图书馆人力资源的构成

图书馆人力资源主要由管理者、信息技术人员、采编人员、参考咨询人员、报刊管理人员和流通管理人员等构成。

（一）管理者

管理者属于经营管理型人力资源，是图书馆内部具有经营管理能力的人才的总称，包括馆长、办公室主任、部门主任等。管理者是图书馆工作的领导者和决策者，是馆员群体的灵魂和核心。管理者在知识经济时代不仅是文献的保存者，更应是文献信息的经营（整序、分流、开发）者，并应当成为文献资源、人力资源、设备资源的协调者。只有高素质的管理者才能带领全体馆员开拓创新，成为图书馆实现数字化、网络化的领路人。

（二）信息技术人员

信息技术人员负责图书馆计算机、网络和信息技术的整体规划，根据馆员提出的业务需求开发应用系统，是对系统运行进行日常维护和版本升级的专业性人才。这类工作人员能够根据图书馆的实际和特定读者群的特点，运用馆内、馆外文献资源建立数据库，帮助读者查找所需要的信息；能够通过网络与其他图书馆互联互通，实现资源共享，力求图书馆文献资源利用的最大化，充分体现图书馆数据库的价值。图书馆系统功能完备、运行效率高、运行稳定，决定图书馆提供的业务效率高效、服务质量上乘。业务系统的优劣从根本上决定了图书馆的整体竞争力。因此，信息技术人员作为图书馆技术创新型人力资源，在图书馆的发展过程中起着举足轻重的作用。

（三）采编人员

采编人员是图书馆藏书建设和文献资源建设的主要责任者，其任务包括：合理利用经费完善馆藏，制定合理的订购标准，用较少的购书经费满足较多读者的阅读需求，保证馆藏质量；及时了解读者对馆藏的使用情况，正确处理馆藏与读者需求的关系；丰富并广开购书、购刊渠道，确保采购质量。同时，图书馆网络化、自动化的发展，要求编目数据具有高度的规范化和标准化；在联机编目环境下，编目工作已实现编目数据的共享，编目人员应努力提高编目数据质量，以保障图书馆自动化、网络化的顺利进行。

（四）参考咨询人员

参考咨询人员是既具有某一学科背景、又具有图书馆学情报学专业知识和技能的参考咨询馆员，是某个学科的信息专家，是学科知识导航系统的领航员。他们具有一定服务能力和与读者沟通的能力，为读者提供咨询、导向、查新、定题跟踪和培训等任务。他们可以充分利用现代网络技术，整合馆藏所有载体类型的资源和网络资源，主动向特定学科的读者提供个性化的信息服务，使图书馆的信息服务变被动为主动，变辅助型解答服务为研究型信息服务，使参考咨询员直接地参与到科研工作中，实现与学科和建设、与读者之间的无缝衔接和良性互动。通过具有个性化的服务吸引读者，维护读者权益，他们是图书馆开展信息服务、参与竞争的主力军。

（五）报刊管理人员

报刊管理人员是负责图书馆中外文报刊的管理、编目和读者咨询等工作。作为报刊工作实践活动的主体，为了适应信息时代的需要和报刊管理网络化发展的客观形势，要不断地充实、调整和改变自身的各种素质和能力。例如，在期刊文献资源的开发上，要注重深加工，形成文献信息产品；在报刊文献资源的服务上，要努力提高文献信息服务水平，突破信息服务的时空的束缚，提供多功能全方位的文献信息服务；在对报刊文献资源的管理上，要实现报刊文献资源的信息处理标准化、信息检索自动化、信息传递网络化、信息服务多元化和服务手段现代化，实现真正意义上的报刊文献资源共享。

（六）流通管理人员

流通管理人员在图书馆一线部门工作，直接面向读者。他们通过长期工作积累的丰富经验，熟练地运用业务知识对流通书库的借阅、归还等业务进行指导，是使图书馆基础工作能正常运行的操作型人才。图书馆要提供高质量服务，最终离不开具有良好素质的馆员。在图书馆的全面质量管理中，应通过各种措施提高馆员能力并调动和发挥其积极性、主动性和创造性，从而使馆员的自我价值得到实现，以达到图书馆管理的终极目标，为读者提供最优质服务。

第二节 图书馆人力资源的规划与配置

一、图书馆人力资源的规划

（一）图书馆人力资源预测

预测是一种超前性思维，它是在对已有资料分析的基础上，对内外环境各种因素的影响和发展做出合乎逻辑的推理。所谓人力资源预测，就是运用科学的理论和方法研究一个或多个组织在未来某个阶段某个时期的人员需求量、需求结构和供给状况，以及人员结构的发展趋势及其变化规律，以满足该组织对人力资源的需要。人力资源预测是人力资源规划与实施中必不可少的重要环节。

图书馆人力资源预测是在了解和掌握图书馆未来职能和工作任务、现有人员是否具备图书馆所要求的条件、目前工作将来是否需要、该工作的定编定员是否合理以及图书馆现存人力资源等的基础上，对一定时期内图书馆人力资源总体需求的预测。

1. 人力资源内部供给预测

在进行人力资源内部供给预测的时候，应充分利用图书馆内的人才资源信息系统，认真分析图书馆现有人才资源的整体造构，全面了解图书馆现有人员的个体情况，并由此预测出现有人才资源可满足图书馆未来需求的程度。

2. 人力资源外部供给预测

当图书馆的发展使得内部供给不能满足需要时，有必要从外部寻找供给的资源。外部供给预测是一种宏观资源环境分析。因此，必须分析规划图书馆可开发的人才资源的密集程度、素质状况及当地产生与更新人才资源的能力。这是规划图书馆制定人才资源开发战略的现实基础。但是，外部供给预测要受很多因素的影响，如人口变动、经济发展和人员受教育的水平、对图书馆专门技能的要求、政府的宏观政策、整个社会的就业和失业率等。

人力资源外部供给预测，一般通过三种途径：一是关注每年大学毕业生的人数及其专业方向；二是各地人才市场的情况及其公布的统计资料，主要是分析市场上人才流动的原因、流向及未来趋势，图书馆在吸引人才方面所具有的优势与劣势；三是图书馆的外部形象塑造与所处环境中可以直接利用的人员素质、数量、人力资源外部供给预测，看起来容易，做起来难。往往会形成这种情形，即需要的人才，尤其是要求较高的管理职位或专业技术职位的人员供给不足，不需要的人员却比比皆是。

（二）图书馆人力资源规划内容

图书馆人力资源规划由两部分组成，即总体规划和具体计划。

1. 总体规划

它以图书馆的战略目标和未来发展趋势为依据。围绕规划期内人力资源开发利用管理的总目标、总方针和总政策，按照实施步骤、时间安排、经费预算等若干思路进行设计。如果整个图书馆面临大的变动或需要重组时，就必须对图书馆结构及职务职位进行重新分配，并在完全确定的基础上进行总体规划。

2. 具体计划

（1）图书馆所需人员的补充计划，通常包括补充人员的类型、数量、结构比例和要达到的效果。

（2）馆员的使用计划，包括各部门的三定（定编制、定岗位、定人员）

方案及其职位分类与设置标准、绩效考评目标、交流和调配制度目标等；任职资格考核办法、聘任与解聘制度及其规范、年度考核制度与奖惩措施；各项制度、措施和办法的时间安排。

（3）馆员的教育与培训计划，一般包括教育与培训的目标（提高馆员的政治、业务素质，减少非正常流动的频率，增加组织的凝聚力，提高馆员的满意度），教育与培训的相关政策或办法（促进组织事业发展的政策、馆员素质变化的终身教育办法、发挥馆员"长处"或"优势"的特殊教育措施），不同教育与培训的时间安排（短期、中期、长期），教育、培训、进修、考察、调研经费的预算。

（4）绩效评估与激励计划，主要目标在于稳定队伍、鼓舞士气、强化主人翁意识和责任感、改善人际关系、发挥积极性和创新精神；在政策与办法的制定上集中解决激励政策、奖酬政策、工资与福利政策，完善考核体系、建立公正与公平的评价机制；分步骤实施时间安排；增加工资、奖金、福利的费用匡算。另外，在具体规划中，根据实际情况还可增加若干项目，但规划的名称和内容必须与图书馆的实际情况相吻合，与总体目标相一致。

图书馆人力资源规划的内容，除上述所涉及的以外，还必须就图书馆面临的变化着的内部、外部环境对图书馆发展与人才需要提出要求、做出规划，找出现有人员素质、能力结构与图书馆目标之间的差距，并将规划与日常的人事行政活动紧密相连。

（三）图书馆人力资源规划的作用

规划，即打算、谋划、筹划，通常指较全面或长远的计划。所谓图书馆人力资源规划，是指从图书馆的中长期发展战略目标与规划出发，运用科学的技术和方法，在对图书馆的人力资源现状进行分析与需求预测鉴定的基础上，制定出满足图书馆人力资源需求的具体内容、实施办法、相应政策措施、经费预算等一系列全面的、长远的、战略性发展计划及其具体业务计划的管理活动过程。它是图书馆人力资源管理的首要环节，是图书馆整个发展战略规划的核心。对广大图书馆员来说，规划有着导向、示范和激励作用。良好的人力资源规划要突出五大作用。

1. 有助于图书馆战略目标、任务的制定和实施

人力资源规划不仅仅是人力资源工作部门的工作计划，更是图书馆事业整体规划的一个重要的有机组成部分。人力资源规划的作用在于配合图

书馆的战略管理，发挥"组合拳"的效用，创造和谐的从业环境，从而推进图书馆事业的整体发展。

2. 为图书馆的发展提供充足人力资源保障

图书馆工作的外部环境是一个动态变化过程，这种变化决定了人力资源供求关系始终是一个变量。没有良好的人才战略储备，图书馆事业便失去人才的保证，这就要求人力资源规划去发现、引进、培养和储备人才，以满足图书馆事业发展的需要。

3. 有助于协调图书馆各种人事关系

图书馆人力资源管理的各项职能是相互影响和相互作用的，工作分析、岗位配备、选拔、聘用、培训、绩效评估、薪酬及福利等设计是一个有机整体，没有做好选聘工作，以后的任用便会产生问题。选聘的人才没有放到合适的岗位上，不能算是"量才录用"。人力资源规划作用在于可以使图书馆人事工作各项环节达到齿轮咬合般默契。

4. 有助于图书馆人力资源的合理、有效配置

人力资源规划要着力于发掘现有人力资源的潜力。面对网络化发展、数字化建设的图书馆事业，面对读者多元化需求的格局，使图书馆在人员结构、年龄结构、素质结构和薪酬结构上保持合理状态，避免人才断层和冗员的负担，从而提高图书馆人力资源管理的效益。

5. 有助于满足图书馆员多元化发展的需求

人力资源规划描述了图书馆事业的前程，指明了图书馆员的发展机会，这就使其能够及时得到信息，设计个人的发展方向，激发馆员的工作潜能，萌发创新思维。图书馆人力资源规划可分为长期规划和短期规划。长期规划一般为 3 年以上，可根据具体情况制订图书馆的 5 年规划或 10 年规划，其目标是确保图书馆无论在何时何地，都要按照图书馆人力资源的特点和技能充分利用。

人力资源预测与规划，二者密不可分。规划是一种影响未来的活动，预测则是人的主观能动性的重要表现，反映了人们对客观过程及其运动规律的认识和掌握程度，它是对客观事物的发展趋势和自己活动可能产生的后果，依据一定的理论、方法事先做出的科学分析。由于未来的不确定性，任何规划都离不开科学的预测，没有科学预测的规划，一般说来都是靠不住的。在这里，预测是前提，规划是结果，预测为规划提供依据。

人力资源预测与规划是以组织的战略目标为依据的，当组织的战略目标发生变化时，人力资源预测与规划也随之发生变化。由于预测的目的不同，要求达到的预测目标也就不同，因此，在进行预测之前，必须把预测目标用明确的文字表达出来，其内容主要包括预测的目的、预测的范围和预测的时间等。

（四）图书馆人力资源规划原则

1. 适应环境变化原则

图书馆事业目标要随着社会的发展和网络、通信技术的发展不断地做出调整。这种调整将使图书馆人力资源供求关系呈动态变化。要求图书馆员要及时更新知识，掌握操作技能，成为现代信息技术与信息服务能力兼备的复合型人才，以适应不断发展变化的社会环境。

2. 需求策划原则

"凡事预则立，不预则废。"要分析图书馆未来人力资源需求变化的走势，及时准确地对人力资源供求关系变化做出判断与分析。例如，专业人员的增加或减少要根据业务流程重组和组织架构变化做出分析、预测；使用人员规模、数量、比例等方面要达到最优化组合。在科学、准确预测未来图书馆人力资源需求的基础上，对组织结构和职位（职数）信息要及时加以传导，使员工明确图书馆对人力资源需求等方面的情况，从而设计个人的职业生涯，寻找个人的发展途径。

3. 实现图书馆发展目标原则

人力资源规划的目的，是为了更好地实现图书馆事业的发展目标。在选择人力资源方案和设计人力资源规划时要做到对图书馆组织发展和图书馆员自身发展统筹兼顾，寻找双方目标的接近点和共同点，以求"双赢"，甚至"多赢"。

二、图书馆人力资源配置

人力资源配置，就是根据经济社会发展的客观要求，通过一定的形式和机制，科学合理地调配人力资源的管理行为，从而促使人力资源与其他资源合理有效地结合，产生最佳的工作效果。简言之，人力资源配置是指合理分配人力资源，使之与组织中的职位实现有效的结合的过程，它是人力资源管理的一个重要组成部分。

（一）图书馆人力资源原则

图书馆人力资源配置应遵循以下原则。

（1）整体配置原则。实现图书馆员的优化配置，必须符合馆情，从整体和大局考虑配置，应打破原有人事管理体系，立足整体，优势互补，避免不必要的岗位重置和人员浪费。在充分发挥人的特点和优势的基础上，形成一个完整的人力资源有机体系，最大限度地发挥图书馆的管理职能和人的主观能动性。

（2）读者需求原则。以读者的信息需求为依据来配置图书馆员，是任何环境下图书馆人力资源配置的根本指导思想。图书馆员合理配置要与读者的数量、读者水平及读者对信息资源的需求直接相关，要以满足读者作为配置的出发点和最终归宿。

（3）因地制宜原则。图书馆员配置要符合图书馆实际人员结构的要求，做到因地制宜，即按图书馆人员层次进行图书馆员重组融合与调整布局，以达到合理配置人员的目的。

（4）动态发展原则。图书馆员结构配置是一个动态的渐进过程，虽然有其相对的稳定性，但总的趋势是变化的，同时，学科是动态的，图书馆员配置要随着学科和图书馆事业发展而进行相应的调整，使图书馆员配置满足图书馆事业发展的需要。

（二）图书馆人力资源配置策略

目前，从我国图书馆的现状来看，人力资源配置还存在着岗位重复设置、岗位职数过多、岗位终身制、缺乏合理的流动、工作技能单一、部门与部门之间相互不了解、协作观念差、论资排辈等问题，致使工作效率低，严重阻碍了图书馆事业的发展。

造成图书馆人力资源配置出现问题的主要原因，是图书馆目前的人力资源制度即干部人事管理制度。其实行的是"身份管理"，强调的是必须给现有人员安排工作岗位和符合其身份标志的待遇。对人员所在岗位的设置是否合理既不重视，也不注重岗位职责对工作人员的规范约束。造成的弊端是，不能客观地展现个人能力特征，不能做到"人尽其才"，不能充分发挥图书馆人力资源积极性的作用。因此，必须更新图书馆人力资源管理制度，从而优化图书馆人力资源的配置。

1. 优化图书馆管理层配置

首先，图书馆管理层要有较高的学识水平，较强的决策管理能力和民主严谨的工作作风。

其次，要加强对图书馆人力资源优化配置和整体规划的制订，全面推行全员聘任制，彻底改变长期以来形成的图书馆成为干部集中点、人员过渡站和人才配偶安置办的不良局面。

2. 合理设置岗位，优化人员配置

由管理层、业务骨干、外聘专家等组成的智囊团，根据图书馆工作和服务发展的特点，对各岗位进行认真细致的调查研究，广泛搜集有关岗位职能方面的信息，如工作的业务流程、工作强度、所需时间、所需技能、工作量等有关信息，对所取得的岗位信息进行深入分析。在此基础上，对比岗位之间的性质、岗位在为专业技术性等因素，重新划分职能业务部门，确定各部门高级、中级、初级岗位的数量，建立合理的岗位结构，明确各级岗位的职责及任职要求，以达到合理配置人员的目的。

3. 加强对馆员的培训和继续教育，提升工作效率和服务质量

在科学技术高度发展的今天，馆员不仅要适应传统意义上图书管理工作，还要能够胜任一切基于网络的知识信息的服务。

因此，图书馆领导要根据工作性质、岗位特点、人员性格、专业和特长等，帮助和指导馆员制订职业发展计划，并积极争取和创造条件，为馆员提供培训、继续教育的机会，通过脱产、进修、函授教育和在职培训等多种形式，帮助馆员不断更新知识和技能，完善知识结构，提高学识水平。这不仅有助于馆员自身的发展，更重要的是关系到图书馆人力资源的优化配置以及工作效率和服务质量的提升。

第三节　图书馆人力资源管理的发展趋势

一、"以人为本"的人力资源管理核心理念

随着知识化、信息化、经济全球化以及未来图书馆的发展，图书馆成

功的关键越来越取决于人力资源的管理。图书馆只有把人的潜能充分发挥出来，才能最优化地组合图书馆的各要素，而要充分发挥人的潜能，首先必须具有"以人为本"的核心理念。

"以人为本"就是将人作为图书馆最重要的资源，尊重馆员、爱护馆员、理解馆员、激励馆员，充分调动和发挥馆员的积极性、创造性，使得"人尽其才，才尽其用"；侧重人力资源开发和人力资本投资，由图书馆管理决策层从战略高度制定人力资源规划，协调有关职能部门，实施战略性管理；依靠科学管理和馆员参与，培养大家共同的责任意识，更好地营造图书馆团结和谐的服务氛围，从而实现人的全面发展，使图书馆的发展目标和馆员的发展目标达到一致。人的全面发展是以人为本的精髓，更是未来图书馆人力资源管理的核心理念。

二、人力资源管理的社会化

随着社会的进步和科技的发展，为了降低人力成本，实现图书馆工作效率的最大化，未来图书馆的人力资源管理职能仅留下很少的一部分，实际在编人员只有几个、几十个，大多数馆员都交由人才服务机构进行管理，即将图书馆人员的招聘、工资发放、薪酬方案设计、保险福利管理、馆员培训与开发等人力资源管理职能外包给人才服务机构。这样做的目的是强化图书馆的核心竞争力，缓解图书馆资源和技术短缺问题，提升图书馆的管理水平，简化管理机构，突破管理瓶颈，集中优势管理资源，提高工作效率，降低图书馆管理成本和管理风险。

三、知识型馆员的管理成为人力资源管理的中心

图书馆的发展依赖于知识的创造、传递和应用，通过这些活动也可为社会创造财富，而能够创造性地创造、传播和应用知识并且提高知识转化效率的人是知识型馆员。知识型馆员已成为图书馆人力资源管理关注的焦点，知识的创造、传递、应用和增值已经成为图书馆人力资源管理的主要内容，知识成为图书馆竞争优势的来源。然而，知识型馆员一般具有较强的个性，喜欢拥有一个民主、自由、充满人情的工作环境，更渴望得到他人的理解、关心和尊重，追求自由化、个性化、多样化和创新。因此，如何开发、利用和发展知识型馆员的创造力，提高知识型馆员的工作热情，培养他们的责任感和团队归属感，增强图书馆的凝聚力，则成为未来图书

馆人力资源管理的重要工作。

四、馆员培训成为人力资源管理的中心任务

随着社会知识化程度的提高，图书馆发展的方向是建立学习型组织，也就是能够不断创造知识、应用知识和传递知识的组织。图书馆要想生存和获得进一步发展，就必须不断更新和提高馆员的能力、知识水平、专业素质，注重图书馆所有馆员的学习和培训，推进学习型图书馆的形成和发展。因此，学习和培训对图书馆员来说，既不再是负担，也不再是图书馆给予的奖励，而是图书馆工作中的一部分，馆员培训将成为未来图书馆人力资源管理的中心任务。以传授知识、技巧为主转变为全面培养馆员独立自主的分析判断能力、创造能力和学会学习的能力。边干边学，通过实践培训馆员；建立激励机制，使馆员终身学习和不断进行培训，将成为馆员学习的主要方式，也是图书馆组织发展的方向。

随着计算机技术、通信和网络技术飞速发展，图书馆将是一个集多种文献于一体的信息资源系统。图书馆不再是单纯的藏书机构，而成为人类科技文化信息服务中心及现代教育科技中心。图书馆的传统服务模式及管理模式发生了根本性的变革，图书馆的竞争也将由传统的文献量与设备的竞争转变为人才的竞争，拥有一大批高素质的服务人才将是未来图书馆发展的关键。未来图书馆员必须成为信息管理者、信息提供者、信息传播者以及信息利用的引领者，因此图书馆工作人员必须不断更新知识结构，学习新技术。未来图书馆员应具备以下素质。

（一）服务的观念与服务的能力

图书馆工作的价值和核心是服务，图书馆的教育性与学术性的功能只有通过服务性工作才能充分体现出来，因此，图书馆员必须加强认识，更新观念，树立"读者至上，服务第一"的思想，形成馆员集体的职业道德风尚：从封闭型馆员转换为开放型馆员；从线型馆员转换为网络型馆员；从经验型馆员转换为知识型馆员；从单一型馆员转换为多元型馆员；从被动型馆员转换为主动型馆员；从独立型馆员转换为协作型馆员；从手工型馆员转换为技术型馆员；从保管型馆员转换为研究型馆员；从工具型馆员转换为专家型馆员；从事务型馆员转换为学习型馆员。根据用户需求，开展形式多样的"快、准、精"的信息服务。

（二）敏锐的信息反应能力和信息导航能力

在海量的信息数据面前，图书馆员要有强烈的信息敏感度，运用创造性思维，利用现有的信息资源，把信息在最需要的时间传递给最需要的人，创造出信息的最大价值。例如，在图书馆的网页上及时发布某些专业相关信息，并设置学科导航栏目，指引读者按学科直接查询各种专业信息资源，有针对性地对学术性、参考价值高的信息资源进行宣传、推荐，提高其利用率。同时馆员要加强对网上电子资源等虚拟馆藏资源的宣传报道，使读者更深入地了解和利用虚拟馆藏中的信息资源。另外，在图书馆的主页上，开展镜像数据库服务和自建各种专业数据库服务并以在线服务方式服务，通过电子邮件或在图书馆网页上设立参考咨询链接实时回答读者的各种问题，满足读者的个性需求。

（三）信息处理和获取能力

在网络环境下，图书馆员首先应该是信息的管理和加工者，然后才是信息与知识的传播媒介和开发利用的角色。馆员要具有强烈的信息意识并有熟练的信息处理能力，对各种信息和知识要快速获取、储存、检索，并将其转化为有价值的物质产品或精神产品，充分开发和利用纸质文献和电子资源。例如，根据读者的需求和科研的需要，将浩繁无序的网上免费学术性资源进行加工、汇总整合，筛选出用户所需信息，定期、定题编制各种专题性的文摘、索引、综述评论和参考资料等，及时发布到图书馆网页上，为读者提供更多有价值的信息，以弥补馆藏的不足。

（四）一定的创新意识、创新精神和创新思维

在思想观念上，充分解放思想，打破旧的服务意识，增强全球意识、发展意识和读者意识，增强进取心，不断学习，用最新的图书馆理论来武装自己的头脑，敢于冒险，勇于创新。

在业务上，一方面主动引进新的技术，结合自身情况自主创新或跨行业合作开展创新服务等，不断拓展图书馆员岗位职责和社会角色定位；另一方面，要对一些未解决的问题进行深入的钻研思考，对数字图书馆理论做创新性贡献，对管理机制中的弊端给予新的解决方案，在图书馆环境中营造创新的氛围，用创新意识促进图书馆的发展。

（五）互助合作的团队精神

图书馆工作分工很细，从采购、编目、阅览和阅读指导等基础工作一项也不能少。因此，图书馆员要树立全局观念，分工不分家，相互支持密切配合，各项工作相互衔接形成一个有序的有机体。只有树立互助合作的团队精神，增强全局意识，团结合作，才能增强图书馆的凝聚力，使图书馆工作充满活力，保证整个图书馆工作流程的畅通无阻，从而更好地为读者服务。

（六）综合知识能力

（1）具有广博的知识和外语应用能力。图书馆作为以信息与知识的传播、开发为主要特点的文化机构和宣传教育的重要阵地，图书馆员必须具备较高的文化素质。

首先，这种文化素质的特征是以宽广的文化知识背景为基础的，它要求图书馆员在知识结构方面与一般的研究人员有所不同。一方面要具有一专多知、网络型的知识结构；另一方面要具有随机性和开放型的知识结构，即能够根据业务工作和读者的需要随时调整自己的知识导向，扩大自己的知识面。

其次，在思维模式方面，它要求图书馆员提高综合思维能力，拓展思维视野，以适应科学发展不断细化的趋势，促使思维主体对瞬息万变的信息和知识加以整理和筛选，将不同学科的研究成果结合起来，做好信息、知识的传播和开发工作。

最后，要具备较高的外语水平，因为当前的世界是"网"上世界，网上的大量信息都是通过外语传递的，只有这样，才能适应来自社会不同层次、不同专业的信息需求，才能更好地为用户服务。

（2）图书馆学、计算机基本技能和网络知识的能力。现代图书馆的发展具有两个明显的趋势和特征：一是服务手段日趋技术化，二是图书信息一体化。这就要求图书馆员不仅要掌握传统的图书馆理论和技能，还要注意学习现代化技术手段的操作方法和信息工作的专业理论知识，要具备计算机、网络、通信等新技术的应用能力和网络资源整合的能力，熟练掌握各种数据库的文献信息检索方法和检索技巧，提高信息检索技能和检索质量等。

（3）学术研究的能力。图书馆作为学术性很强的服务机构，对图书馆员的要求也较高，不仅需要具备一定的基础知识、外语应用能力和计算机网络知识能力以及信息处理能力，还需要掌握一定的学术研究能力和方法，要有刻苦钻研、勤于学习的精神。在当今这个信息时代，作为图书馆主体的图书馆员，应结合业务工作开展学术研究，如参加各种学术会议、撰写学术论文等，或积极参与科研活动，或积极为科研提供服务，不断提升、完善自己的知识结构，成为某一领域的知识鉴赏家，充分发挥图书馆社会教育职能作用，使图书馆真正成为学术性的服务机构。

（4）正常的交往能力和心理素质。图书馆是一个知识密集和信息集中的机构，要为读者提供服务，必须要有良好的沟通能力和语言表达能力，只有这样才能较好地完成信息的传递，因此，馆员应具有较强的人际沟通能力，要做到与读者经常沟通和交流，创办多种交流平台，定期收集读者意见，了解读者需求，做读者的良师益友，扮演好善于交流的知识经纪人角色。馆员要利用咨询手段最大限度地激发读者的阅读意识和阅读兴趣，培养读者探索问题、解决问题的能力，组织和动员读者进行研究性学习，做一名名副其实的知识咨询师。同时要具备较好的个人心理素质和职业心理素质，善于在纷繁复杂的工作中分清主次和轻重缓急，善于集中注意力处理好影响全局的事情，营造一个读者之间、同事之间相互尊重、相互信赖、相互支持、相互合作的良好工作氛围和环境，实现馆员素质和读者素质的整体提高。

总之，在网络信息时代，馆员要更好地为读者提供服务，就要在自身素质和能力上下工夫，将自己锻炼成为真正的信息管理者、整理者和开发者，成为值得读者信赖的信息导航者，从而体现图书馆的服务职能，使图书馆未来的事业充满生机和活力。

五、柔性管理的人力资源管理方式

柔性管理是相对刚性管理提出来的。刚性管理是指"以规章制度为中心"，凭借制度约束、纪律监督、奖惩规则等手段对图书馆员进行管理。随着社会的发展，图书馆面对的环境越来越复杂，变化越来越快，这就意味着以物为本、管理者依靠严密的组织结构、严明的规章制度进行管理的刚性人力资源管理方式很难适应时代的要求，图书馆必须采取一种灵活多变、反应迅速、行动及时的柔性人力资源管理方式，以应对未来的挑战。柔性管理则是指"以人为中心"，依据图书馆的共同价值观和文化、精神氛围进行的人格化管理，它是在研究人的心理和行为规律的基础上，采用非强制性方式，在馆员心目中产生一种潜在的说服力，从而将组织意志变为个人的自觉行动。

随着图书馆的不断发展和"以人为本"的人力资源管理理念的形成，柔性管理将成为未来人力资源管理的主要方式。柔性管理的优点有以下几个方面。

（1）激发人的创造性。在知识经济时代，主要财富来自知识。知识根据其存在形式，可分为显性知识和隐性知识，前者主要是指以专利、科学发明和特殊技术等形式存在的知识，后者则是指员工的创造性知识、思想的体现。显性知识人所共知，而隐性知识只存在于馆员的头脑中，难以掌握和控制。要让馆员自觉、自愿地将自己的知识、思想奉献给图书馆，实现"知识共享"，单靠"刚性管理"是不行的，只能结合柔性管理。

（2）适应瞬息万变的外部环境。知识经济时代是信息爆炸的时代，外部环境的易变性与复杂性一方面要求战略决策必须整合各类专业人员的智慧，另一方面要求战略决策的做出必须快速。这意味着必须打破传统的严格的图书馆分工的界限，实行职能的重新组合，让每位馆员获得独立处理问题的能力，独立履行职责的权利，而不必层层请示。因而仅仅靠规章制度难以有效地管理该类组织。而只有通过柔性管理，才能提供"人尽其才"的机制，才能迅速准确地做出决策，才能在激烈的竞争中立于不败之地。

（3）满足柔性管理的需要。在知识经济时代，人们的信息需求也在不断的变化之中，满足读者个性化的需要，对每个图书馆员来说是责无旁贷的，这可以看作是当代图书馆发展的必然趋势。这种巨大变化必然要反映到图书馆的管理模式上来，导致管理模式的转化，使柔性管理成为必然。

六、网络化、扁平化、虚拟化和团队化的图书馆人力资源管理新特点

信息化、网络化的发展加快了人与人、人与图书馆、图书馆与图书馆的沟通速度，及时地获取信息并科学地运用信息、信息共享、团队精神、共同参与和集体决策成为未来图书馆人力资源活动的主要特点。

为了更好地适应社会环境的变化，必须采用网络虚拟化的管理模式。这种管理模式的特点是，组织的活动以团队作为职能单位，而不是以个人或群体为单位，将处于不同地方、不同组织的人力资源有效地整合，为图书馆战略和目标服务。同时，期望通过网络技术能尽快地以最快的速度为全球用户提供远程服务，使用户尽快获取知识、信息能够成为现实，消除

图书馆与读者之间在地理上的隔离，创造一个不受地理边界限制与束缚的工作环境和视野，与世界各国图书馆接轨，实现资源共建、共享，最大限度地为读者服务，真正发挥图书馆文献信息服务中心的作用。这种高效、快捷的服务方式是传统图书馆所无法比拟的。

为了更好地适应未来图书馆的发展，采用扁平化管理模式。扁平化管理模式是指图书馆中的管理层次减少，而管理幅度增加，它具有敏捷、灵活、快速、高效的优点。它将逐步取代传统的"金字塔"结构以提高图书馆的灵敏性和工作效率。目前，许多国际跨国公司包括我国的一些大型公司都在不断取消中层管理人员，这样做主要是为了应付日趋复杂的环境变化、快速发展的信息技术和不断上升的人力资源成本等情况。

七、人与图书馆和谐发展的人力资源管理的目标

自古以来，许多专家、学者都强调人的重要作用。不过，在不同的时代，专家、学者对人在图书馆中的地位、作用等的认识是有很大差别的。在传统的管理思想中，人被看作图书的附属物；弗雷德里克·温斯洛·泰勒思想中，人被看作"经济人"；在乔治·埃尔顿·梅奥的"行为科学"思想中，人被看作"社会人"；在管理科学思想中，人被看作"复杂人""决策人"；在现代管理思想中，人被看作"创新人""文化人""自我实现人"。同时，人们越来越认识到知识和掌握知识的人将比物力、财力等资源更为重要。图书馆员是图书馆的主体，馆员参与是有效管理的关键，使人性得到最完美的发展是现代管理的核心。未来图书馆人力资源管理就是要为馆员创造良好的工作环境，帮助或引导馆员成为"创新人""文化人""自我实现人"，在平凡的工作岗位上创造性地为读者服务；其目标就是在实现图书馆发展目标的同时，实现馆员全面而自在的发展，即实现图书馆员与图书馆的和谐发展。

八、图书馆的发展带给图书馆人力资源管理的冲击

科学技术的迅猛发展给许多行业带来了巨大的变化。特别是图书馆信息处理和服务的技术手段、信息存贮和检索的媒体形式以及信息传递等，给图书馆工作带来了巨大的变化，这必将对图书馆人力资源管理提出新的要求，给传统的图书馆人力资源管理带来强烈的冲击。

（一）知识化对图书馆人力资源管理的冲击

知识是图书馆不断增值的资产，图书馆是创造、传递和运用知识的组织或是一种知识整合系统。一个图书馆是否拥有可持续的知识创新就成为能否持续推动图书馆提高绩效，提升并创造长久竞争优势的源泉。虽然图书馆的知识可能存在于无形之中，但作为知识和技能的载体，代表图书馆知识和技能水平的人力资源却真实存在，并能加以管理、培训和开发。因此，知识化对如何管理好图书馆人力资源提出了新的要求。

（二）信息化对图书馆人力资源管理的冲击

随着知识经济时代的到来，计算机网络技术得到了快速的发展，互联网的运用改变了传统的时空观念，创造了不受地理边界限制和束缚的全球性工作环境和视野。新技术的飞速发展不仅提高了图书馆的管理效率，而且还对图书馆管理方式产生巨大的冲击，也使信息资源的共享和超越时空的交换成为可能。正因为如此，图书馆越来越认识到创造技术和使用技术的"人"的重要性，并将人力资源管理工作放到越来越重要的位置。

（三）经济全球化对图书馆人力资源管理的冲击

信息化、网络化的发展加快了全球经济一体化的进程，使图书馆面临着前所未有的挑战。全球经济一体化必然导致对人才的争夺。图书馆将面临如何发现人才、如何留住人才、如何使人力资源适应经济全球化等问题。全球化的工作环境不仅需要图书馆员在知识、技能方面满足图书馆的需求，还需要图书馆员在了解本国的同时能够了解其他国家、不同民族的文化传统等。

（四）馆员多元化对图书馆人力资源管理的冲击

随着国家现代化进程的发展和劳动力市场的进一步健全，人员的流动必然更加频繁，图书馆员队伍的组成部分更加复杂。由于不同类型馆员所接受的教育程度不同，成长的文化背景不同，他们的知识、技能和价值观、工作动机、需求呈现出明显的差异。具有不同知识、技能和素质的馆员对于图书馆的价值有所不同，不同馆员的薪酬形式也将不同。知识型馆员与一般馆员、长期馆员与临时馆员、高层管理者与一般专业技术人员，他们相互之间的各种形式上的差别将会显露出来，这将成为图书馆人力资源管理的新问题。

第五章 图书馆文化资源建设

第一节 图书馆文化的兴起及本质

一、图书馆文化的兴起

从企业文化的兴起来看，企业文化的兴起源自企业管理的发展。任何一个组织功能的发挥都需要管理，企业本身是一个管理的组织，而管理的背后是文化，文化的不同造成企业管理风格和模式的不同。现代管理学之父彼得·德鲁克曾指出，管理以文化为基础。从企业管理的发展阶段来看，文化则是管理发展到一定阶段和社会竞争的产物。企业管理经历了分权管理、跨国经营、矩阵组织和战略经营等阶段。随着企业内外部环境的变化、社会竞争的日趋激烈，特别是企业员工的文化素质不断提高、参与管理的意识不断增强，迫使企业必须不断地改善管理，创新管理理论，以弥补偏重理性的传统管理模式的不足，这就催生了企业文化。

图书馆管理也经历了这样一个过程。管理是图书馆在实现既定目标的过程中所采用的手段。图书馆管理经历了从管理书籍到管理制度，并最终意识到图书馆管理是对人的管理的过程。从管理理论的演化过程中我们不难发现，无论哪种管理理论都是针对人的，都在研究人的动机和需求。管理理论的演化过程正反映了对人的动机和需求的研究在不断深化，新的管理理论总是在不断发现和强调，人具有的文化需求和文化人特性。例如，人是有思想的、人是有感情的、人是有各种需求的等，由此催生出了"文化管理"这一概念。现代图书馆管理的核心就是对人的管理，要想通过管理实现图书馆的目标，我们就必须重视图书馆人的文化特性的研究，引入"以人为本"的文化管理制度，形成以人为中心的管理文化。这就产生了图书馆文化。

图书馆文化是图书馆管理创新的结果。从二十世纪九十年代开始，全球进入知识经济时代，许多新思想、新理念、新技术、新知识相继产生。国内外管理理论的研究表明，决定社会发展竞争优势的是人才和科学技术的优势，而决定人才、科学技术优势的是创新，所以强调创新成为现代管理的时代趋势。再加上图书馆原有的一套管理模式已不能适应新世纪的运行特点，图书馆要更好地生存与发展，就必须对传统的管理理念和方式方法进行取舍。通过改革创新，建立起一套崭新的管理运行机制，以适应社会发展的需要。管理上的创新能使图书馆打破常规，改革管理工作流程，大大提高管理效率；能使图书馆以敏锐的观察力，密切关注未来变化的新趋势、新动向、新问题，从而能以超前的意识果敢决策，适应未来发展的要求。观念创新是管理创新的前提，是创新得以成功的保证。观念创新就是确立现代的管理意识，解放思想，彻底改变那种以藏为主、重藏轻用、被动服务、封闭自守、各自为政、浪费文献资源的落后藏书格局。要把图书馆管理创新作为管理目标，以创新观念和创新行为来加强图书馆的管理，对图书馆的业务管理和文献资源体系进行创新，进一步加强对电子技术、网络技术和数据库技术的应用。对图书馆的管理理念、思路进行变革，使图书馆的服务和管理提升到新的高度，由职能型文献信息收藏机构变为研究型服务机构。高素质的群体是组织实现创新的主要力量来源，人员素质是图书馆系统诸要素中最积极、最活跃、起决定作用的因素，决定图书馆工作的效率和质量，决定图书馆事业的前途。只有人才能充分利用图书馆的现有文献资源为读者服务、为教学和科研服务。

图书馆的服务质量好坏，效率的高低都取决于图书馆员。因此，图书馆的管理创新重要的是人力资源的管理。只有知人善任，人尽其才，才尽其用，扬其长、避其短，根据每个人不同的性格和才能确定不同的工作岗位，才能最大限度地发挥其所长，激发每一个工作人员的积极性和创造性，发挥最大潜能，使图书馆管理与服务均达到最佳效果。

在改变原有管理观念，充分重视人的主观能动性的基础上，图书馆文化，作为与企业文化相对应的概念，率先由美国图书馆管理学者作为组织管理研究新思考而提出，以提高图书馆这一传统文化中心的管理水平。

中国正式提出"图书馆文化"这一概念，是在二十世纪九十年代初期，据国内文献调查，较早关于图书馆文化的专论是发表在《黑龙江图书馆》1989 年第 3 期上的王胜祥所著《论图书馆文化》一文。当时的企业文化研究正如火如荼地开展，并彰显出传统管理所达不到的管理效果，如去过麦当劳的人都会有一种感觉，它不同于国内的一些饭店，区别在哪里呢？企业文化不同。这不是靠死板的管理制度就能达到的效果，靠的是长期以来树立的企业文化。图书馆的产生和发展既源自文化,又为发展文化服务,并在长期的生存和发展过程中形成了自己所特有的文化。这种特有的文化体现一个图书馆的馆风、馆貌和管理状况,不但会对馆员和读者产生强大凝聚力、感召力、规范力和约束力,产生不断的动力源泉,而且能够创造出积极、和谐、向上的工作氛围,对图书馆的发展起到巨大的推动和促进作用。图书馆文化建设的好与坏,关系到图书馆的社会地位、社会形象,乃至整个图书馆事业的繁荣和发展。因此,图书馆工作者越来越清醒地认识到,在图书馆管理中注入图书馆文化建设因素的重要性。许多学者和图书馆工作人员从不同角度,用不同的方法对图书馆文化进行了研究,并取得了一定的研究成果,大部分学者在图书馆文化现状的基础上,科学地研究了图书馆文化所涉及的历史渊源关系,倡导批判性地继承历史传统、建立充满时代精神的新型图书馆文化体系等内容,主要内容包括保持和发扬历史上一切优秀的图书馆文化、科学地认识和了解国内外图书馆文化发展的最新动态、加速我国图书馆文化建设、研究图书馆文化史、文化现象等方面的研究成果,对建设信息时代新图书馆文化具有重要的借鉴作用。

二、图书馆文化的本质

所谓事物的本质,其实就是对事物本源特性的认识。文化的本质是人脑机能的外延——人类生命演化过程的特定标记。所有文化的发源与发展都离不开大脑,脑是宇宙演化出生物后的又一里程碑式的演化成果。所有的人类文化都与人类意识紧密相连,而意识则是人脑的主要机能。因此文化首先是一个民族、社会的精神现象,非物质性是它的第一要义。其次,文化这种精神现象确实是一种实在的社会存在。文化本身便是一个名词化的动词概念,它反映人类能动改造世界的创造性本质,及改造与被改造、创造与被创造之主客体关系。在文化的产生与发展过程中,一方面是有意识有目的的人类劳动的对象化(外化);另一方面是自然物和文化创造物的主体化(内化)。在主体方面,文化是其创造性能力;在客体方面,文化是物化其中的主体创造本质或本质力量。因此,对主体来说,文化表现为一种个体素质而独立存在;对客体来说,文化则表现为一种结构质而客观存在。因此,我们可以说,文化是人类在改造自然、社会和人自身方面进行的活动以及这些活动所取得的客体化成果。这就是文化的本质。

从科学管理的主要人性假设来看,刚开始人类在进入工业社会时,管理理论注重管理职能、组织方式等效率问题，相应地，亚当·斯密就提出"经济人"假设。到了现代管理理论阶段，越来越重视人的心理和行为对管理的影响，乔治·埃尔顿·梅奥就通过实验发现了"社会人"假设。到了信息化社会，战略管理已成为主要管理理论，管理理论都围绕"学习型组织"来研究，人的主体性越来越受到重视，就出现了"主体人"假设。"主体人"假设出现在二十世纪七十年代末期美国诞生企业文化理论后，这种假设说明，人是企业文化的主体，是人在企业物质生产过程中创造了企业文化。这就说明企业文化的第一本质是"以人为本"。从"主体人"的假设，我们可以推断出人应当是图书馆文化的主体，是创造和维护图书馆文化的主体。所以图书馆文化的第一本质应当是"以人为本""以文化人"。从图书馆文化的定义，我们可以看出，图书馆文化是一个图书馆在长期的发展过程中，所形成的具有本馆特色的文化观念、文化形式和行为模式以及与之相适应的制度和组织机构，体现了图书馆人的价值准则、经营哲学、行为规范、共同信念及凝聚力。但是，图书馆文化的本质是什么？目前有很多种说法，现特举几例有代表性的如下。

（一）三层次说

这种说法源自管理学家艾德·斯凯恩的文化定义。图书馆文化即图书馆组织文化，组织文化被分为三个层次：第一层"人工制品与创造物"，是组织文化的物质层面，包括图书馆建筑、设备、装饰和环境等，反映图书馆物质形象方面的文化；第二层"标榜的价值观"是中层文化层次，指图书馆在管理、服务活动和人际关系中产生的行为观念，包括图书馆目标、道德准则、图书馆制度、人际关系、图书馆传统和习惯等，它是以行为为形态的中层组织文化；第三层是组织文化的核心层，为组织的基本假定，它是一种以意识为形态的深层次文化，反映追求志向和决心以及行为的总体倾向。表层和中层文化由核心文化决定。核心层文化又由五个方面构成，包括人类活动的本质，与时间、空间的关系，人性的本质，与环境的关系，人际关系的本质等。

（二）两种文化总和说

这种说法认为图书馆文化是指图书馆所创造的物质文化和精神文化的总和，物质文化是显形文化，包括图书馆的馆藏、建筑、设备和装饰环境等；精神文化是隐形文化，包括图书馆所形成的具有自身特色的思想、意识、观念和心理状态以及与之相适应的制度、组织和行为模式等。这种观念被大多数的图书馆文化研究者所接受。

（三）文化氛围说

这种观点认为图书馆文化是指图书馆全体职工在共同的工作、生活中形成的一种文化氛围，这种文化氛围包括由人类的图书馆活动或其产物中的形态、风格、色彩、特征、特性、范围，以及其所包含的知识、技术、艺术等要素构成的氛围场而共同产生的一种（包括凝聚力、创造力、影响力等在内的）综合力。图书馆文化是一种氛围，是一种综合力。这种综合力，是图书馆文化的本质属性。文化氛围说认为，图书馆文化是以人类的图书馆活动及其产生的一切为成因所形成的独立于"精神财富"与"物质财富"以外的文化氛围，是一种综合力，充分表明了图书馆文化独特的本质特点：图书馆文化并非实体，而是一种氛围，一种综合力，具有群体性、动态性、多元化、多功用等特点。

（四）精神现象说

这种说法认为图书馆文化是指图书馆在长期为读者服务的管理活动过程中，在一定的社会历史环境下逐渐形成的一种独特的价值观、行为方式、管理作风、图书馆精神、道德规范、发展目标和思想意识等因素的总和。它集中体现了图书馆的精神风貌和理论水平。是以物质为载体的各种精神现象，是图书馆的"意识形态"。

（五）管理学属性说

这种说法主要是从图书馆文化理论诞生的原因和图书馆文化的运用过程来认定的。图书馆文化诞生后，各图书馆都是在日常的管理实践中，以图书馆文化指导管理行为，塑造图书馆的整体形象，培育图书馆人的群体意识、价值观念和行为准则，这些明显的管理特征将图书馆文化定位于管理学范畴。

（六）服务文化论

这种说法认为服务是图书馆文化的最直接表现，图书馆文化是图书馆运作的机制，是运作过程中的关系，是服务传统，是藏用习惯，是人员素质，是读者感觉，是一切活动背后的认识和规定，是无处不在又无形可循的图书馆意念和规范。服务文化论以服务价值观为核心，以创造客户满意为目标，以形成全员共同的价值认知和行为规范为内容。服务作为一种管理型文化，是经济、文化一体化的产物，只要有服务行为和服务内容存在，就有服务文化存在。图书馆服务工作是向广大读者提供文献信息，满足人们学习需求的一项活动。从价值链分析看，这种服务性劳动不但可以创造价值，而且可以提高图书馆的信誉，增加美誉度，创造无形价值。

因此，图书馆文化实质上就是广义的服务文化。

（七）亚文化形态说

这种说法认为，图书馆文化作为一种文化形态是社会文化的一个有机组成部分，是整个社会文化系统的一个子系统，具有文化的共性和亚文化特征。图书馆文化是图书馆在长期发展过程中，受政治、经济和社会文化等环境综合作用而逐步形成的，其最重要的职能即提高全体图书馆成员的综合文化素养，即建立共同遵守和信仰的，维系或推动图书馆生存或发展的，具有图书馆特色的事业信仰、战略意识、经营哲学、价值观念、思维方式、伦理意识、美学水平等，是指导从事文献信息工作者工作的哲学体系。

以上的各种说法从不同的角度阐述了图书馆文化的本质，既不存在什么矛盾，也没有正确与错误之分。任何事物都具有现象和本质，都是现象和本质的统一，图书馆文化也是如此。如果只看到图书馆文化的现象，就只能罗列现象和整理现象，对图书馆文化的认识就只能停留在表层，而对事物本质的认识必须透过现象看本质。从图书馆文化的产生和发展、传承和积累，可以接触到许多图书馆文化现象，通过这些现象可以认识到图书馆文化的本质。对图书馆文化的本质应当从发展的观点来把握，与别的文化现象一样，图书馆文化也是一个发展的事物，在发展中形成，在社会历史发展中得到丰富。

文化是人类在改造自然、社会和人自身方面进行的活动以及这些活动所取得的客体化成果。这就是文化的本质。人是文化活动的主体，凡是历史和现实中可以称之为文化的东西，都是文化创造主体人的本质。文化的本质和人的本质可以完全统一于图书馆文化之中，图书馆文化中的价值观、行为准则、管理作风、图书馆精神、道德规范、发展目标和思想意识等，既是图书馆文化本质的反映，也是人本质的反映，所以说，图书馆文化的本质就是图书馆人、社会人与主体人三者之间本质的统一。

第二节　图书馆文化的结构分析

对图书馆文化的研究最早是由美国图书馆管理学者作为组织管理研究思考而提出的，此后的研究日益深入，对图书馆文化结构层次的研究是图书馆文化研究的重要方向之一。纵观近年研究文献，对图书馆文化结构的研究归纳起来较为流行的有二元层次论、三元层次论、要素论等，以上观点从不同的角度对图书馆文化内容进行剖析。本书从一个全新的角度对图书馆文化结构进行了诠释，以期为图书馆文化的认识带来一个新的视角。

一、图书馆文化层次结构研究成果

（一）二元层次论

二元层次论认为，图书馆文化由表层文化和核心文化构成。其中表层文化是能被读者直接感知的反映图书馆表层特征的一些现象，如馆舍馆貌、机器设备、环境布置、馆藏布局等，这些被称为图书馆器物文化或者物质文化。图书馆表层文化往往能折射出图书馆的人文精神、管理哲学、审美意识和工作作风，是图书馆核心文化的精神载体。图书馆核心文化是图书馆文化内在本质的东西，是图书馆文化的灵魂和核心价值所体现出来的部分，包括图书馆价值观、图书馆精神、图书馆服务理念、职业道德和管理作风等。

（二）三元层次论

三元层次论认为，图书馆文化由精神文化、制度文化和物质文化三部分组成。精神层是图书馆文化的核心和灵魂，形成制度层和物质层文化的基础和原因，包括图书馆职业价值观、职业使命、职业精神、服务理念、行业风气等。制度层是图书馆文化的中间层次，是对馆员行为产生规范性和约束性影响的部分，主要规定了馆员应当遵循的行为准则等。制度文化是制度层面的图书馆文化现象，是图书馆事业不断向前发展的制度保证。

物质层文化属于图书馆的表层特征，是图书馆的精神层和制度的载体。

（三）要素论

要素论者认为，图书馆文化是由几个要素组成的，如图书馆精神、价值观、职业道德、管理作风、服务理念、内外环境等。这些要素有机结合形成图书馆独特的文化体，而其他物质方面的现象只是图书馆文化的载体。要素论类似于系统论，将图书馆文化看成一个独立的系统，各个要素类似于该系统的子系统。

二、图书馆文化结构层次的新视角

以上观点的理论虽然来自管理学关于组织文化的研究成果，但是存在一定的缺陷，如二元层次论的划分较为粗糙，特别是介于表层和核心层之间的划分较为模糊；三元层次虽然较为具体，但是制度层文化既可以属于物质层，也可以归属于精神层；要素论没有体现图书馆文化的重点，内容不一定全面。本书从符号学理论角度，提出图书馆文化由符号层与精神层组成，其中精神层与以上观点基本一致，这里重点分析符号层。需要特别说明的是，本研究中的"符号"不限于"标记、记号"的意思，而是广义的符号概念。

（一）对"符号"的简析

随着人类的进化和社会的发展，符号越来越多，形成了人类特有的符号系统。德国哲学家恩斯特·卡西尔说，人是符号的动物。一般系统论的创始人路德维希·冯·贝塔朗菲指出，包围人的是符号的世界，并且他认为文化实质上是一个符号世界。

国内学者黎永泰提出了企业的文化意义符号系统的概念，并指出企业的文化意义符号系统包括文化精神意义的符号系统、文化物质意义符号系统、文化行为意义符号系统。荷兰著名的跨文化研究专家吉尔特·霍夫斯泰德将符号作为组织文化的一个单独层次，说明"符号"在组织文化研究中存在的广泛性。

（二）图书馆文化中"符号"的分类及含义

在符号学理论的基础上，结合前人研究成果和图书馆文化实践，提出了图书馆文化的"符号层"概念，并将图书馆文化中的符号归纳为六大类。

1. 语言符号

语言符号不但是人与人之间进行交际的工具，而且是人类社会中最重要的传播媒介之一，人们借助语言符号来使思想得以表达、感情得以传达、知识得以交流。图书馆语言符号包括图书馆作为组织的集体语言和馆员的个人语言，如图书馆会议通知公告、读者座谈、馆员与读者的语言交流等，语言符号是图书馆文化重要的组成部分之一。

2. 文字符号

文字符号主要包括图书馆的各种管理制度、文字公告、宣传海报等。图书馆制度可以看做是图书馆文化精神层的东西通过文字表现出的符号集，包括各种制度规范、价值观、服务理念等文字化表述的文字群，而其他文字公告及宣传海报等则是通过文字符号散发图书馆文化气息。

3. 图形符号

图形符号包括图书馆建筑内外的各种标志，如馆徽、馆服、馆内指引标识以及具有特殊意义的各种图形符号，各种图形符号承载图书馆文化内容。

4. 色彩符号

色彩符号如墙面颜色搭配、书标颜色的选择、馆服颜色设置、室内环境的绿化等。色彩符号是图书馆文化不可或缺的器物层面文化，选择配置符合图书馆格调的颜色，有利于提高读者的舒适感和满意度。

5. 行为符号

行为符号是图书馆文化符号层中最重要的部分。行为符号又包括图书馆的集体行为和馆员个人行为，读者管理、组织结构设置、服务方式等。行为符号受精神层的影响，是精神层的体现。

6. 物质符号

凡是被赋予了社会属性和人为意义的客观物质都可以被看作物质符号。组织文化中的物质符号是一般物质通过与反映组织精神层内容的其他类型的符号相结合而形成的实体性符号，是一种综合型符号。所以，从这个角度看，通常所说的组织的物质文化实质上是反映组织文化中的其他符号作用于一般物质的结果，而不是物质本身。图书馆文化中物质符号包括建筑物、办公用具、阅览室配置、馆藏图书等各种实体物品，这些实物置身于图书馆内，与图书馆文化中精神层面的内容相结合构成图书馆文化中特有的物质符号文化。

从"符号学"角度分析图书馆文化结构，为图书馆文化的研究提供了一个新的视角，对进一步加深图书馆文化认识和建设图书馆文化具有重要的现实意义。

第三节　图书馆的文化塑造与建设

一、图书馆文化塑造与建设的程序

（一）组织力量，调查研究文化现状

建设一种新的图书馆文化，必须组织人员以相应的组织形式，对现有的文化进行调查研究，把握图书馆现有的文化状况、了解图书馆人员对现有文化所持的态度，对文化影响因素进行分析，对现有文化的优势、劣势及总体适应性做出适当的评价，为塑造图书馆文化模式提供科学依据，提高塑造图书馆文化模式的成功率。

本书调查研究的主要内容包括图书馆的信息服务范围及其服务特点、图书馆发展史、图书馆管理和服务的成功经验及优良传统、图书馆领导者的个人修养和精神风范、图书馆员工的素质和需求特点、图书馆现有"文化理念"及其适应性、图书馆发展过程中面临的主要矛盾和障碍、图书馆所在地区的经济与人文环境等。本书遵循客观事实，不能主观臆想；要全面综合考虑各种可能影响图书馆文化塑造的因素，不能以偏概全；要讲求实效，不能拖拖拉拉；要在调查前做好计划步骤，不能漫无目的。

（二）提出问题，设计理念

图书馆文化理念的设计，是在分析、总结和评价图书馆现有文化状况的基础上，充分考虑到图书馆内外环境因素的影响，由图书馆的领导和决策层首先提出塑造图书馆文化模式的意向，明确塑造图书馆文化模式的目的和意义；其次，用确切的文字语言，把占主导地位的图书馆价值观、道德观和行为准则表述出来，形成固定的文化理念体系；最后，通过各种形式教育、发动图书馆员工，使他们充分认识到在信息时代图书馆文化塑造的重要性和紧迫性，把思想和行为统一到塑造图书馆文化总的部署上来的

过程。

图书馆文化理念体系的设计包括以下内容：图书馆事业性质、图书馆的使命和服务目标、图书馆的基本价值观、图书馆的伦理道德和职业道德、图书馆的精神风尚、图书馆的服务理念、服务规范和服务方针、图书馆管理理念、图书馆的人才观和员工基本行为准则、图书馆的主导理念和文化形象定位等。

（三）设计规划，论证实验

设计规划是根据图书馆文化的现实和发展愿景，在调查分析的基础上制定的塑造图书馆文化模式的方案。制订规划有助于明确图书馆文化模式塑造的目的、有计划地进行图书馆文化模式的塑造工作，促进图书馆文化模式的社会效益和经济效益的实现。设计规划要做到全面与重点相结合、主观与客观相结合、独创性和连续性相结合、计划性和灵活性相结合等，做到对图书馆文化定位准确、指标明确、内容科学、措施可行，对图书馆原有文化评价公正。规划制订以后，要进行反复的论证，并在经过选择的区域内进行推行实验，从经验和实践两个方面充分论证规划的可行性，通过论证与实验寻找建设图书馆文化的突破口，争取以较小的代价获得最大的收益。论证得依靠广大员工，充分发挥员工的积极性和主动性，民主与集中相结合，用科学的论证方法，以确保规划实施以后，可以取得预期的效果。

（四）灌输理念。促进执行

图书馆文化是图书馆未来发展的生命线和图书馆命运共同体的精神纽带。图书馆文化理念定格后，就要积极推广，创造条件付诸实践，并巩固下来。

要使已定格的图书馆文化理念能够在较短的时间内得到广大职工的认同并付诸实践，坚持不懈的灌输和有效的传播是必不可少的。这是对图书馆领导提出的要求。对有些与图书馆价值观体系相背离员工的同化，不是一蹴而就的，而是一步一步慢慢教化的过程。对领导者来说，向下属和员工灌输卓越的价值观，要抓住一切的机会，采用一切可以使用的手段。具体措施有：组织编写图书馆文化手册、举办文化理念导入仪式、强化文化训导、开展文化演讲和传播活动、利用或"制造"重大事件、建立文化网络、营造文化氛围等。

理念如果不变成实际行动，就只不过是空洞的口号。如果无法执行，就没人信服。必须将理念转换成图书馆管理活动的具体措施。例如，图书馆本身作为一个组织，如何对待经济效益和社会效益就反映着不同的文化理念：是把经济效益看作是图书馆的最高目标，还是把尽可能满足用户需求、为社会提供信息资源等社会效益视为图书馆的最终目标。当社会效益与图书馆经济效益发生冲突时，一个图书馆如何做出选择，无疑取决于图书馆管理人员的价值观。

（五）评估调整，巩固效果

在创造良好的文化环境基础上，还应当对文化理念实施的效果进行衡量、检查、评价和估计，以判断其优劣，调整目标偏差，避开文化的负效应，并通过有效的形式，强化和固化文化理念的正效应，使先进的文化理念变成员工可执行的规范、可模仿的标版，使塑造的图书馆文化模式健康、稳定，向正确的方向发展。评估调整要注重实效，设立评估目标，建立全面的评估指标体系，广泛收集信息，并采用科学的评估方法，按确定的标准进行判断。如果对评估存在意见分歧，就应通过沟通商量，达成一致意见。

通过对图书馆文化的评估调整，图书馆文化的塑造已初步形成，至此，大规模的图书馆文化塑造工作已经完成，图书馆文化的功能已然显示出来，图书馆和员工开始从文化中获益，人们对图书馆文化的态度由强制被迫向自觉性转变。然而，文化发展是一个螺旋式上升的过程，图书馆的文化模式也不是一成不变的。要通过否定再否定不断地完善自己。因此必须对文化理念的正效应进行巩固，在巩固的同时，还要着眼于提高。具体可采取的措施有：积极创造适应新环境的图书馆文化运行机制条件；利用制度、行为准则和规范等进行强化；以各种活动为载体，推广图书馆文化；图书馆领导者以身作则，率先垂范；鼓励正确行为，建立激励机制；塑造品牌与形象，增加文化价值等。

以上五个阶段是相互联系的，在空间上有时几个阶段同时并存，在具体的实施过程中，要根据图书馆的现实，以科学的方法，合理配置人力、物力、财力。图书馆文化在实践中得到推广和巩固以后，尽管其核心的和有特色的内容不会轻易改变，但随着图书馆管理和服务实践的发展、内外环境的改变，图书馆文化还是需要不断充实、完善和发展的。因此执行程序需要创造性思维的指导，而这个程序是灵活的，可以随时根据图书馆文化模式的塑造目的来调整。

二、图书馆物质文化建设与塑造

（一）图书馆馆藏文化建设

特色化馆藏文化是现代图书馆追求的文化之一，数字技术和网络技术应用于图书馆，最直接的影响是图书馆的馆藏资源，图书馆馆藏资源建设可以不再追求大而全，数字化和网络技术会让图书馆得到更多可利用的资源，图书馆从原来的单一的以纸质文献为主，发展到现代图书馆的馆藏信息资源虚实并存。这种传统与现代在许多图书馆结合得非常完美，使图书馆集自然科学与人文科学、传统文献与电子文献于一体，成为一个巨大的智力资源宝库，也就是当前所说的复合式图书馆，复合式图书馆的馆藏文化建设就是追求特色化，公共图书馆的特色馆藏往往与图书馆所在地的发展特色相关。

（二）图书馆设备文化建设

二十一世纪，人类已进入信息社会，数字技术和网络科学快速发展，其应用技术的迅速成熟和普及，使得当人们逐渐将文献信息网络共享方案、元数据、知识管理、可获得理论等不断出现的新信息技术理论应用于图书馆研究中，希望通过图书馆联盟等方式实现馆藏资源共建共享的摸索与实践时，现代的信息产业已赫然给出了更为先进的从理论到成果的答案，其中尤以"Google"模式、"Web2.0"等技术为代表。科学技术是第一生产力。图书馆是先进技术应用的领域之一，图书馆的信息技术和设备的现代化反映了图书馆的信息化程度，决定着图书馆在信息社会中的竞争力，同时也是优质图书馆文化物质载体的保证。在知识经济的今天，信息技术与设备对图书馆文化建设的制约作用越来越大，图书馆文化对信息技术和设备的要求也越来越高，在这方面，许多图书馆都有很好的实践。在图书馆设备文化建设中，图书馆越来越重视"人本文化""生态文化""智能文化""数字文化""网络文化"等建设。

（三）图书馆环境文化建设

首先，要注意图书馆环境与周围环境的协调，协调的图书馆环境不仅对图书馆和员工有利，更是吸引读者和创造好的社会效益的基础。其次，要注重图书馆的工作环境，不断改善员工的办公条件。

（四）图书馆建筑文化建设

图书馆建筑文化是图书馆物质文化的重要组成部分，从古至今，图书馆的建筑都非常重视文化特色的体现。从我国古代建藏书楼开始，人们就开始注重环境的营造。古代藏书楼在选址和环境营造方面，既注意自然景色的优美，也重视历史古迹、名人遗迹等人文因素，更强调人与自然环境的协调统一，表现了"天人合一"的理想追求。以讲学、藏书、祭祀为"三大事业"的书院，往往都建于景色极佳的幽静处，原因是古代经常战乱，名士纷纷隐居山林，聚徒授学，形成了书院远离市井的传统。还有的书院"通天地人之谓才"的教学育才思想，决定了书院择胜而处，书院一切环境都是满足了"净心""悦情""深源""妙用"天人结合的境界，显示了"亲民文化"（有选择性的"民"，当时指可以读书的人）、"人本文化"和"生态""绿色"文化的完美结合。现代图书馆建筑的环境则更具文化特色。从建筑与环境设计的理念出发，环境建筑学的设计不是装饰自然界，而是希望发挥自然界的功能，或者希望建筑同自然景色一起发挥作用。现代图书馆受政治、经济、自然、地理、人文等诸多客观因素的影响，在选址上往往需要顾及很多问题，如拆迁费用、工程难度、扩展余地、城市发展规划、与读者群的距离等，如公共图书馆在选址时，既要突出图书馆在一个地方、一座城市、一片社区文化事业的中心地位，又要考虑交通便利，毗邻自然和人文氛围，把馆舍建在公园一侧，或是江湖边，依山傍水，使图书馆与自然景色融为一体，大大丰富了建筑艺术，构成城市中绚丽多姿的文化景点。例如，深圳图书馆，馆舍坐南朝北，南面、东南面和西南面为荔枝公园，湖面环抱，绿水清波，景色宜人，沿湖间疏建有 5 个琉璃亭台，其倒影在公园的人工湖中，形成轻巧别致的园林建筑。人们在游园之余既可以认识图书馆，也可以在阅读之时感同身受地融入园林景色之中。另外，草坪、花圃、雕塑、庭院等也加以精心设计，虽然人工造景有一些雕琢的痕迹，但可巧妙地使人工之美纳入天然之美，荷塘、喷泉、假山、亭榭、树木、竹林过滤掉外界的喧闹，使图书馆空气清新，为读者提供良好的学习环境，同时使读者可以获得情绪的调剂和精神上的享受。现在一些高校图书馆也是如此，大学图书馆建筑选在校园里的中心位置，或者是校园入口处，不仅确立了图书馆在学校的支柱形象，而且突出了标志性的建筑效果。邵逸夫先生先后在全国高校捐建了 21 所大学图书馆，他赠款的明确要求之一就是：建筑标准要高于一般的教育建筑，华东师大新馆逸夫楼就地处校园中心，新楼层次错落，新颖独特，是莘莘学子求学、研究的场所。

三、图书馆精神文化建设与塑造

（一）图书馆价值观塑造

现代社会因素复杂多变，使得人们往往不再将生活的价值目标和意义视作确定无疑的，生活的动荡不定使得人们难以形成同定不变的价值观念，许多人失去对生活意义的坚定信念，怀疑主义、相对主义、非理性主义随之蔓延。然而，现代社会却又要求人们对自己的生活抱有明确的态度，做出明确的选择和决定。人们需要相对稳定的价值观念支撑，需要在变动不定的世界寻求到一个安定的精神家园。

图书馆的价值观包含丰富的内容：人才观、财富观、时间观、质量观、服务观、信誉观、效益观、审美观、利益观、文明观等。由于图书馆文化的建设属个体行为，每个图书馆都体现出自己的价值观，这些价值观尽管大同小异，但其中也不乏一些地方主义、狭隘主义的价值观。如同人类需要一个核心价值体系一样，图书馆界也需要核心价值体系来统领图书馆的价值观。图书馆核心价值观是图书馆人所追求的事业和理想、目标与原则，是图书馆职业的共同基石和最高使命，其确立有助于图书馆员克服信心危机并提高图书馆员的自信心，有助于树立职业信念，并给图书馆员带来思想行为的判断标准。图书馆事业只有具备共同的价值观念，才能使组织成员在思想上保持一致，明确前进的方向和努力的目标。

图书馆价值观可分为核心价值观和非核心价值观。核心价值观是有关图书馆生存的最核心的理念，而非核心价值观是指可以根据图书馆战略进行调整的理念。

（二）图书馆精神培育

图书馆精神是图书馆文化的灵魂和支柱，图书馆精神能将图书馆各方面的力量集中到图书馆的发展目标上来，有利于增强图书馆员工的凝聚力和向心力。图书馆精神一般要经历三个阶段，即图书馆精神的确认阶段、倡导阶段和深化阶段。确认阶段的任务是明确它的名称、内涵及其外延。一个图书馆的图书馆精神，应当首先遵守图书馆精神，如国内学者眼中的图书馆科学精神不仅包括爱书，还包括"维护图书馆人的职业权利与职业尊严"等内容，如范并思等倡导的"公共图书馆精神"——关注数字鸿沟和信息弱势群体、推动信息公平社会的建立；程焕文提出的"爱人"精神；叶继元总结的"利人"等人文精神等。在当代图书馆建设和发展过程中应体现科学精神与弘扬人文精神并重，走科学精神与人文精神和谐发展之路。

（三）图书馆道德建设

图书馆要实现工作人员的行为和馆内所倡导的价值观与图书馆精神的统一，必须坚持道德高标准，即崇尚高尚道德，只有通过图书馆的道德建设，才能使图书馆制定的行为规范和规则，标准化为馆内工作人员的自觉行为，从而变成工作人员的无意识或潜意识行为，图书馆的价值观才能得以贯彻，图书馆精神才能得以弘扬。

图书馆道德中最重要的组成部分就是图书馆职业道德，很多研究者将图书馆道德等同于图书馆职业道德。图书馆职业道德是指图书馆、职工、读者以及周围社会环境之间相互关系的各种行为准则和规范的总和，包括职业责任、职业使命、职业良心、职业纪律、职业行为、职业荣誉等，它是围绕图书馆开展业务的全过程而生成、发展起来的，通过舆论和教育等方式影响图书馆员工的心理和意识，不带有强制性，且不以成文的形式出现，使图书馆员工形成内心信念等，使之成为约束图书馆及其员工行为的原则和规范。图书馆道德是图书馆规章制度的有效补充，与制度相辅相成，共同实现图书馆文化的约束功能。

第四节　图书馆文化创新探索

创新是时代的呼唤是现实的要求，也是图书馆求生存发展的必由之路。作为图书馆发展本源的图书馆文化更是需要不断创新，唯有不断创新的图书馆文化，才是有生命力的文化，才能保证图书馆在信息化社会和信息市场的竞争中保持超前的战略、先进的技术、适应时代的图书馆核心价值观和精神以及拥有一个勇于创新的人才队伍。唯有不断创新的图书馆文化，才能保证图书馆内部的团结和向上的工作热情、紧密的团队精神和凝聚力，从而保证图书馆的可持续发展。

图书馆文化创新是指为了使图书馆的发展与环境相匹配，根据本身的性质和特点形成体现图书馆共同价值观的图书馆文化，并不断以提高图书馆文化绩效为目标进行图书馆文化的创新和发展的活动与过程。图书馆文化创新的实质是要重构图书馆文化中的精神文化，突破与图书馆管理实际脱节的僵化的文化理念和观点的束缚，使图书馆和员工的精神能量得到充分的释放和发挥，实现向贯穿全部创新过程的新型经营管理方式的转变。人的活动是受人的思想理念支配的，人与其他动物以及生物的区别就在于，人是有思想的，行为都应当是合理的，如果想要人的行为都具有合理性，首先就要从思想层面上进行建设。面对日益深化、日益激烈的国内外信息市场竞争环境，越来越多的图书馆不仅从思想上认识到创新是图书馆文化建设的灵魂，是不断提高图书馆竞争力的关键，而且逐步深入地将创新贯彻到图书馆文化建设的各个层面，落实到图书馆经营管理的实践中。

图书馆既是历史文化的遗存地，同时也是未来文化的创造地。在历史的发展中，图书馆往往成为促进历史和社会进步的文化场所。图书馆是人类文明发展到一定阶段的产物，它通过自己的运行机制，将图书荷载的社会意识、价值取向和科学理性思维根植于每个读者心中，变成一种精神力量，实现对每一个人的文化塑造。因此图书馆对人的作用本身就是文化绩效在人的思想层面发生作用，继而影响人的行为的过程。

一、创新图书馆文化价值观念

在图书馆中，信息资源是基础，人力资源是本体，而文化是灵魂，价值观念是图书馆文化的核心，是图书馆一切活动的灵魂，它为图书馆生存和发展提供了基本方向与行动指南，既能影响和规范人的行为，协调人际关系，增强凝聚力，培育团队精神，又能统一思想，形成共识，引导馆员走向共同的目标。所以，图书馆文化创新的根本所在就是要大力培植先进的图书馆价值观。

当前图书馆的先进价值观包括以下几个方面。

（一）科学发展观念

坚持科学发展观，是图书馆文化建设得以全面、协调、可持续发展的根本保障，要从广大信息用户的根本利益出发谋发展、促发展，切实保证用户权益，最大限度地满足用户需要；要从国情和"馆情"出发，以图书馆传统文化为基础，在继承和创新中不断发展图书馆文化；要促进图书馆与用户的和谐气氛，倡导图书馆与用户共同创新型图书馆文化。

（二）图书馆大文化观念

图书馆文化建设关乎图书馆界整体的全局性利益。当前，我国的图书馆之间联系甚少，都是"单门独户"，造成资源浪费和重复建设等现象。要确立图书馆联盟意识，以有利于图书馆文化建设的共同利益和整体发展为共同原则，搞好分工协调，搞好图书馆界大联合、大整合，形成图书馆联盟。

（三）人本观念

图书馆的一切活动都是围绕着人而开展，坚持以人为本，就是要搞好图书馆的人才建设和用户服务工作，搞好馆内人才管理，激励人才积极性，培养一批敢想敢干、敢于创新而又懂得现代图书馆文化的优秀人才，全心全意将用户服务工作做好。

（四）"用户第一、服务至上"的图书馆价值观念

这是图书馆公认的价值观，是图书馆赖以生存和发展的根本保障，是图书馆组织一切活动的总原则。它意味着图书馆必须以用户为导向，将满足用户的多层次需求视为图书馆的最终目标。

（五）不断创新的图书馆价值观

图书馆具有创新文化的社会功能。一方面图书馆本身具有对文化更新、创造的作用；另一方面，图书馆工作通过对文化的积淀、传播和优化促进文化的更新、创造，形成新的知识和新的发明，促进社会进步和发展。图书馆充当的是知识交流中介的作用，它通过文献的传递与利用，实现知识的输入、贮存和输出，将知识的生产者和知识的利用者联系起来，在用户消化、吸收了图书馆所提供的文献知识，并将它运用于生产后，知识转化为新的生产力。新的生产力继而推动科学文化的进步，并在更高层次上促进人类知识的充实、创造。因为如此的循环反复，所以，人类知识不断完善、更新，社会文化也随之不断地发展变化。不断创新的图书馆价值观为

图书馆文化创新提供了丰饶的土壤。

（六）办馆效益观念

图书馆虽属政府拨款的社会公益性机构，但也必须讲究投入产出，争取实现经费、设施和人员的最佳效益。图书馆的办馆效益主要是社会效益，而衡量社会效益大小的标准主要包括文化信息收集与传播的数量和质量、广大用户的满意程度、图书馆在社会上的公信度及社会形象等。

二、创新图书馆文化精神

图书馆文化精神是图书馆中占主导地位的管理意识，能够规范图书馆领导及馆内工作人员的具体行为，使馆内工作人员在实际的服务工作中达成共识，从而大大提高为用户服务的效果和效率。因此图书馆文化精神对馆内工作人员行为具有导向和规范作用。图书馆文化精神的导向和规范作用在制约人的行为时具有深厚的感情色彩，因为这种作用既可以通过规章制度、工作标准和工作目标等硬性管理手段加以实现，也可以通过群体氛围、传统习惯和舆论引导来实现。馆内工作人员如果做出违反图书馆文化精神的事，就会受到制度惩罚、舆论谴责，本人更会感到内疚，产生情感压力，进而进行自我调节，修正自己的行为。图书馆文化精神是一种理性的黏合剂，它把馆内员工固定在同一信念目标上，以其大量微妙的方式沟通所有工作人员的思想，创造一个共同协作的背景，把馆内各种力量汇聚到一个共同的方向，使图书馆整体产生强大的前进动力，最终使图书馆文化精神得以弘扬。

图书馆文化精神从确定到弘扬，需要一个认同—服从—内化的过程。认同是图书馆全体工作人员对图书馆文化精神有了某种认识，虽然有某些自觉成分，但认识与自觉的程度往往不深，在行动上往往有反复；服从只能使图书馆全体工作人员的观念和行为趋向图书馆精神所要求的意识行为，带有较明显的强制性；只有内化，才能使图书馆全体工作人员具有与图书馆精神情感一体的认识行为，自觉而主动地发挥图书馆文化精神，做到自己管理自己、自己控制自己。要较好地完成这一过程，图书馆就必须要注意不断创新图书馆文化精神，使图书馆文化精神具有时代特色，更能为广大馆员所接受，得到广大员工的认同，使他们自觉服从，并内化为自觉遵守的行为准则。我国图书馆文化建设的创新和发展特别需要一种精神。这种精神就是敬业爱业、忠于职守的态度；敢于创新、开拓进取的坚定志向；不怕困难、攀登高峰的勇气和自强不息、无私奉献的高风亮节。

三、创新图书馆文化环境

图书馆文化环境创新包括以下几个方面。

（一）事业发展模式创新

社会化是二十一世纪信息化社会图书馆事业的发展模式，图书馆的社会化包括办馆方式、管理方式和服务方式等三个方面。信息是一种财富，图书馆收集、整理文献，对原始文献进行信息加工，这是一项复杂的脑力劳动，有其自身的价值存在。在当前的市场经济条件下，只有融合"事业"与"产业"有机结合的运作模式，打造自身服务特色，才能创造出最佳的社会效益和经济效益。在管理方式上要突破传统的部门管理和层次分明的管理体制，实施多功能"一体化"管理——以用户的需求以及自身的发展为目标，实现信息共享"一体化"。目前图书馆界，特别是公共图书馆界正在加速这种社会化进程。深圳市图书馆发挥地区中心馆的作用，致力发展区级图书馆和社区图书馆，并实行统一采购编目，走出一条纵向办馆、合理配置资源的新路。佛山市提出以市馆为中心，其他类型图书馆为成员馆的"统一标识、统一平台、统一资源、统一管理、分散服务"的联合图书馆建设构想。这些都是在图书馆事业发展模式上创新的尝试，他们的成功将会为其他图书馆事业的发展提供可借鉴的经验。

（二）图书馆建筑文化创新

信息时代图书馆的建筑，强调功能第一，注重实用，突出建筑风格和文化品位，实现纸质文献、多媒体实体文献和虚拟馆藏兼容并存，体现人本精神和开放观念。进入信息化社会，许多图书馆的旧建筑功能已不能满足新技术的需求，各地开始纷纷建立新的图书馆，新的图书馆建筑新技术应用的考虑应该放在第一位，而图书馆的最终目的是让用户来使用的，所以应当围绕着人来建设图书馆建筑文化，创造有利于工作人员工作、有利于管理人员管理、有利于用户阅览和获取信息的内外优美环境。现在的很多图书馆在建筑时都充分考虑了绿化、减少污染、室内网线布设、用户休息空间等人性化的布置，甚至有的图书馆还考虑到雨水废水回收利用等，充分体现了低碳社会的要求。

（三）图书馆结构创新

图书馆结构主要由组织结构、内部基本制度结构、资源结构三个方面组成。一是组织结构创新，图书馆的组织结构中有不适合信息时代要求的成分存在，这些不利于图书馆文化建设。新时期，很多图书馆对本馆进行重新定位，确定新时期的新任务、新目标，从实际出发，制订合理的创新方案。这些创新方案应尽量减少管理层次和中间环节，缩小部门界限，保障组织结构的集成化、智能化和灵活性，符合信息化时代对组织结构的要求。二是内部基本制度创新，图书馆为了应对信息时代和图书馆文化创新建设的挑战，必须重新整合我们的基本制度，创建一种有利于吸收人才、有利于知识创新、服务创新的新制度，新制度必须实行真正的而不是形式上的以目标、责任、能力为基础的工作岗位责任制和以工作态度、工作时间、完成任务的数量、质量为主要标准的绩效评价和奖罚制度，同时可以积极创造条件，实行"基本工资、岗位津贴、绩效奖励"的"三元结构"分配制度。三是图书馆的资源结构创新，主要包括文献信息资源结构创新和人才资源结构创新两个方面。要从图书馆联盟的观念出发，着眼社会需求和信息资源共建共享，突出本馆特色和强项，建立新型的合理的文献信息资源配置体系，加大具有本馆特色的文献信息资源的建设和开发力度，打造具有品牌意义的文献信息资源数据库或专题馆藏。在人力资源管理上，实行能者上、庸者下以及人性化、个性化管理，让每位馆员都有实现自身价值的满足感，建立一支年龄、学历、职称配置合理的人才队伍。

（四）业务建设和技术创新

在新信息时代，面对用户信息需求的多样化和个性化，原有的业务建设已不能满足用户的需求，要进行业务创新和技术创新。业务创新就是对原有的业务内容进行调整，或逐步淘汰，或推陈出新，不断创造新的业务生长点，不断提升新的业务运作手段。例如，在文献信息资源共享工程建设中，广东省立中山图书馆创新了网上导航，网上咨询等一系列业务技术，该馆所创办的广东流动图书馆，对为基层为大众服务、建设学习型和谐社会起到了很好作用，也是一项很有意义的业务创新；技术创新就是建立多媒体图书馆，以多媒体电脑，控制一系列多媒体设备，对各种文字、图形、图像、声音、视频等信息媒体进行处理、传递、存取，为用户创建图文并茂、音响逼真、色彩自然的高级视听环境。技术创新还可以让图书馆利用新技术深层开发用户所需的信息资源，满足用户的个性化需求。

（五）学术研究创新

图书馆文化建设在创新和发展过程中，必然面临着许多新矛盾和新问题，迫切需要开展图书馆文化建设的新理论、新方法、新政策和现代化等课题的全面研究，必须充分利用各种资源，通过多种途径搞好学术研究创新工作，如定期不定期召开学术会议，鼓励在职人员攻读硕士、博士学位，组织系统研究图书馆创新文化建设的重大理论课题和科学技术课题等。

四、创新图书馆形象

要充分发挥图书馆文化的综合效应，就必须高度重视图书馆"造型"，着手于形象创新。图书馆形象是图书馆文化精神的重要内容，是图书馆的无形财富和宝贵资源。它既是图书馆文化精神的外显形态，既是图书馆文化精神的一个组成部分，又是图书馆文化精神的载体。从客观上讲，它反映的是图书馆自身的特征和状况，是一种存在；从主观上讲，它反映的是广大读者对图书馆的认识和评价，是一种观念意识。图书馆要把塑造良好的图书馆形象作为图书馆服务的目标和对外宣传的目标，图书馆形象是由其环境、馆藏资源、服务方式、服务效果、公共关系以及管理人员、工作人员等具体因素构成的，因此是具体的，是可以进行分步骤、分阶段地创新的。创新可以将理念识别系统、行为识别系统和视觉识别系统整合成为一个系统，进一步导入以用户满意为核心的顾客满意战略（Customer Satisfaction，CS），形成一个立意更高、内含更丰富、形象更具体的企业的识别系统战略体系（Corporate Identity System，CIS）、创新塑造出来的良好图书馆形象，可以将图书馆信息资源、人力资源和文化三者融为一体，紧密联系，形神兼备，从而对图书馆事业的发展形成新的推动力。

五、创新图书馆文化管理

要提高图书馆文化建设的有效性，就必须从中国的国情和图书馆的性质、特点出发，做好图书馆文化建设和具体管理相结合，力求管理创新。我们说图书馆文化是一种新的管理方式，如果不把它与图书馆的发展战略、内部管理和具体的服务内容有机地结合起来，文化就只能是一种空洞的概念，只能成为一句空喊的口号或者贴在墙上的"宗旨"。将图书馆文化的创新与图书馆管理的创新统一于图书馆的再造工程，从"抓图书馆文化建设就是抓图书馆管理的提升"的角度认识图书馆文化建设，努力挖掘图书馆管理中的文化潜力，促使文化观念转化为管理实践，转化为管理制度和工作中的操作程序，增强管理中的"文化含量"，通过管理创新使图书馆文化与图书馆管理成为一个有机的体系。图书馆文化建设包括图书馆文化的目标管理、过程管理和成果管理三个阶段，这三个阶段之间没明显的区分界限，其可能会处在一个不断地树立目标，进行过程管理和成果检验的过程中，在这个动态的过程中，通过对图书馆文化管理的创新，开拓出图书馆文化的新功能、创造出图书馆文化的新效应，保持图书馆文化建设与管理的整合，将刚性的管理制度和柔性的文化导向有机地融为一体，使"制度育人"和"文化育人"在图书馆文化创新的实践中互相交融。

六、创新图书馆文化建设方法

要激发图书馆文化建设的活力，就必须创新图书馆文化建设的方法和手段。中国的改革开放在各个方面都成果显著，对人思想观念的影响也非常之大，进入二十一世纪，一些强制性的、古板的做事方法在管理中已不能起到很好的调适作用，说话做事得讲求技巧和艺术，得有吸引人眼球的东西来进行图书馆文化建设。例如，要改变"单一形式、单一渠道"的格局，摒弃旧的、被时代淘汰的方法，根据中国先进文化的发展趋势和图书馆文化的内容，创造出健康向上、丰富多彩、小型多样、让员工们喜闻乐见的新形式，新方法，以满足不同层次员工文化生活的需要。新形式、新方法一定要从实际出发，避免"假大空"，否则会引起反效果。从成功的企业文化建设实践中，我们可以借鉴采用一些颇有成效的好方法。例如，疏导启迪法、情理交融法、典型示范法、形象养育法、员工联谊法等。通过这些方法，使图书馆员工形成并获得方向感、信任感、成就感、温暖感、舒适感与实惠感，促进图书馆内部员工之间的相互沟通、相互理解、相互信任、相互尊重，共同营造一个良性的图书馆内部人际关系。

在现阶段，知识管理已广泛应用到各行各业的管理实践中，其中先进的科学技术和工具适合推广图书馆文化建设，知识管理平台在提供工作经验的交流和分享的同时系统的网络与大众传播媒介功能影响并扩大了图书馆文化建设的覆盖面。借助形式多样的活动,使图书馆服务理念和文化精神渗入各类丰富、形象,高雅的文化活动之中。通过主题明确、中心突出的活动,使图书馆文化的内容和形式统一和谐,为员工营造一个图书馆内部"家庭式氛围",每一位员工,不仅希望自己的工作富有价值和意义,在事业上能够有所建树,同时也希望自己处在一个充满人情味和温馨感的大家庭之中,只有在融洽的家庭式氛围中,员工在日常工作中的压力和焦虑才能得到缓解与消除。家庭式情感需求的满足能促使员工形成更大的工作动力,从而把组织打造成一个坚强团结的集体,以卓越的事业成就去赢得社会各界公众的信任和支持。

七、创新图书馆学习氛围

优秀的图书馆文化倡导终身学习,将学习作为丰富发展文化的基本条件。因此学习型组织与图书馆文化是密切相关的,在知识经济已经成为潮流的当今时代,人类知识总量是成百倍,成千倍增长的,一个人在学校里学到的东西只能占到走入社会所需要知识的 10%,还有 90%需要在职场上通过再教育和再学习来实现。"学习、学习、再学习",是知识经济时代人们不被社会淘汰的座右铭。"活到老,学到老"不再是一句口号,而是一件实实在在的事,学得越多,就越能了解到自己的无知。因而,一个人不能保持永恒的卓越状态,只有不断地学习,他才能拥有旺盛的生命力。

由于知识是一个不断积累的长期的渐进过程,是一个持续终生的行动,因此必须学会学习。学会学习就是指学会掌握最适合自己的学习方式,能够通过探索,独立地进行有效的学习。在知识经济时代,每个人都面临着海量信息的选择。一方面,海量信息丰富了人们的学习资源;另一方面,人们又必须在这些海量信息中选择出最有利自己生活、工作或发展的信息。这就需要人们用一种批判、选择态度来分析和处理信息,以达到对信息的有效利用而不被信息的海洋淹没。这种学会学习的能力在当今和未来社会是一种至关重要的能力。

图书馆组织学习就是图书馆形成一定的体制来鼓励个人学习及开展学习行动,将个体学习与图书馆整体行动有机地结合起来,营造一个良好的学习氛围来提高个体学习的热情,开展图书馆培训活动来帮助个体学习等。学习型图书馆可以在一定程度上丰富和发展图书馆文化,因此,要实现图书馆文化的创新,就必须将目标定位于建立学习型图书馆上。要转变传统的思维模式和管理模式，实现由原来的"制度＋控制使人勤奋工作"向"学习＋激励使人创造性地工作"转变。根据学习型图书馆的模式组织创新和图书馆服务。通过建立共同愿景和改善思维模式的修炼，使图书馆员的个人价值和图书馆的目标、价值整合在一起，以促进馆员思维方式的转变，提升图书馆文化。通过系统的提炼和推广，使图书馆文化建设的新成果不断渗透到图书馆所提供的各种信息和产品中，以发挥图书馆文化建设的综合效应。以创建学习型图书馆作为图书馆文化创新的新目标，使图书馆建设进入可持续发展的轨道。

八、创新图书馆文化机制

新型图书馆文化体系的基本模式就是要确立"一体四元"的多维文化观和综合发展机制。所谓一体，指现代图书馆"全方位开放式、高效率为社会各界提供优质信息服务"的价值系统；所谓四元，指由现代图书馆物质信息技术、行为方式、制度体系和意识形态有机构成的图书馆文化系统，以现代图书馆价值观念的塑造和培育为核心，以由表及里的现代图书馆物质文化、行为文化、制度文化和精神文化建设为内容结构，彼此之间有机结合，互为条件、互为目的形成一个古今融合、中外互补和以改革求发展的具有创新功能的充满活力的图书馆文化发展机制。

第六章　图书馆服务体系的发展与推广

第一节　图书馆的基本服务认识与介绍

"公共图书馆服务是指公共图书馆通过各类资源和自身专业能力满足公众日益增长的对知识、信息及相关文化活动需求的工作，其基本服务应当免费。公共图书馆服务应体现以人为本的原则，通过就近、便捷、可选择、温馨的服务，不断改进服务质量，统筹兼顾服务资源、服务效能、服务宣传、服务监督与反馈，促进服务的全面协调可持续发展"。

《公共图书馆服务规范》规定："公共图书馆的基本服务是保障和满足公众的基本文化需求的服务，包括为读者免费提供多语种、多种载体的文献的借阅服务和一般性的咨询服务，组织各类读者活动以及其他公益性服务。"在文化部、财政部联合下发的《关于推进全国美术馆、公共图书馆、文化馆（站）免费开放工作的意见》中，提到有关公共图书馆、文化馆（站）免费开放的基本内容时明确指出"文献资源借阅、检索与咨询、公益性讲座和展览、基层辅导、流动服务等基本文化服务项目健全并免费提供"，这对公共图书馆的基本服务的类型做出了清晰的分类。综上所述，公共图书馆的基本服务按服务内容，可分为文献资源借阅服务、检索与咨询服务、阅读指导和推广服务、公益讲座、公益展览、基层辅导、流动服务、政府信息公开服务等。在服务对象方面，除了面向普通成人的服务，公共图书馆还应特别重视面向少年儿童、残障人士、老年人、进城务工者、农村和偏远地区公众等提供服务。

一、公共图书馆的基本服务分类

（一）文献资源借阅服务

文献资源借阅服务是指图书馆将馆藏各类文献资源通过各种文献流通方式提供给读者利用的服务方式，分为文献外借服务、文献阅览服务等。文献资源借阅服务是图书馆读者服务工作的中最基本、最主要的服务方式，其工作质量的好坏是评估图书馆工作效益高低的重要内容。

1. 文献外借服务

文献外借服务是指读者与图书馆建立一定的契约关系后，图书馆将馆藏文献资源在一定期限内出借给读者，使读者可在馆外使用的一种服务方式。

（1）文献外借服务的形式。根据外借服务对象、文献来源、外借方式等的差别，图书馆外借服务的形式主要有个人外借、集体外借、馆际互借、预约借书、邮寄外借、流动外借等。

个人外借，是指读者持借书证以个人身份办理借书手续的一种外借形式。个人外借能满足读者个人的不同需求，是文献外借的基本形式。

集体外借，是指读者以集体为单位，批量从图书馆外借图书的一种外借形式。集体读者按照图书馆的规定办理集体借证，由专人代表向图书馆集体办理文献批量外借，以满足集体读者共同的阅读需求。

馆际互借，是指图书馆之间根据协定相互利用对方馆藏以满足本馆读者需求的外借形式。其主要作用是各馆之间可互通有无，弥补本馆藏书的不足，多途径地满足读者需要。

预约借书，是指读者向图书馆预约登记某种暂时被借出的图书，待图书归还后由图书馆按预约顺序通知读者借书的外借形式。

邮寄外借，是指图书馆借助邮政传递手段，为远离图书馆而需要文献的单位和个人读者，寄送外借书刊。

流动外借，是指图书馆通过馆外流动站、流动服务车等途径，定期将馆藏文献送到读者身边开展借阅活动的服务方法。

（2）文献外借服务的内容。

首先，办理借书证。公共图书馆发放借书证的对象是全体市民。凡持有个人身份证或其他有效证件（户口本、驾驶证、护照、军人证等）的人，都可以办理个人借书证。借书卡的材质有普通纸质卡、PVC（聚氯乙烯）卡、智能卡等。普通纸质卡虽然造价便宜，但易磨损。PVC 条码卡造价中等，可通过条码识别读者信息。智能卡识别方便、功能扩展性强，但造价较高。随着身份证、市民卡、社保卡的智能化和统一化，不少图书馆开始尝试使用现成的居民身份识别证件作为借阅图书的凭证。例如，佛山市联合图书馆、杭州图书馆、青岛图书馆、济南图书馆等可以使用身份证作为借书证。苏州地区各公共图书馆普遍使用当地市民卡作为借书证，读者办理借书证可收取一定数量的押金，押金的金额可根据读者申请的借阅权限调整。近年来，图书馆界在进行免押金借阅的讨论和尝试。

其次，文献外借。外借文献要有一定的规定和制度：规定每次可借的册数，限制外借时间（一般为一个月），明确续借制度、损书、超期的处罚制度等。传统的文献外借需手工进行，通过借书证、索书单、书袋卡、借书记录卡等进行管理。随着计算机在图书馆的使用，外借服务大多都使用计算机进行管理，大大提高了工作效率。

再次，文献续借。文献续借是指读者根据需要，在文献未过期的前提下延长借阅期限的方式。文献续借的方法有到馆续借、电话续借、网上续借、短信续借等。不同类型的文献可按需求制定不同的续借规则。通常规定在某些情况下不容许进行续借，如读者证已过期、读者有过期未还文献、读者欠费到一定额度、已经超过可续借的次数等情况。为了保障每个读者公平享用资源的权利，一般同一读者当前借阅的图书最多续借一次。

最后，文献催还。文献催还服务分为三种：预期催还、超期催还和预约催还。预期催还就是读者所借阅的文献即将到期而进行的催还；超期催还是读者所借阅的文献已经超过规定期限没有归还而进行的催还；预约催还指读者对正在借出状态的文献提预约要求，提示持有者按期归还（即催还），并不再续借。文献催还的方式主要有电话通知、手机短信提醒、邮寄催还单、网上发布等。

2. 文献阅览服务

文献阅览服务是指图书馆利用一定的空间设施，供读者在图书馆内阅读、利用馆藏文献的一种服务方式。通过馆内阅览，可以使读者更全面、更有效地使用馆藏书刊。

（1）文献阅览服务主要通过各类阅览室展开工作。阅览室的种类很多，为了正确地设置阅览室，科学地管理阅览室，可按以下标准划分阅览室的类型。按知识门类划分，可以设置社会科学阅览室、自然科学阅览室、地方文献阅览室等。按读者对象划分，可以设置少儿阅览室、视障阅览室等。按出版物类型划分，可设置期刊阅览室、图书阅览室、参考工具书阅览室、视听资料阅览室等。按文献文种划分，可设置中文阅览室、外文阅览室和少数民族阅览室等。

（2）文献阅览服务的内容包括：合理规划和合理布局各类文献资料，认真布置阅览环境和营造阅读氛围，积极推进阅读指导和阅读推广服务，努力加强参考咨询服务等。

公共图书馆作为公共文化设施，应提供免费阅览服务，让所有市民自由出入图书馆，真正体现公共图书馆的公益性和开放性。同时应建立开架阅览和藏、阅、借结合的服务模式，为读者提供多元化阅读服务。

对于开放时间，《公共图书馆服务规范》中规定："公共图书馆应有固定的开放时间，双休日应对外开放。其中省级馆每周开放时间不少于64小时；地级馆每周开放时间不少于60小时；县级馆每周开放时间不少于56小时。各级独立建制的少年儿童图书馆每周开放时间不少于40小时。"

（二）检索与咨询服务

1. 文献检索服务

文献检索服务是指将已有的各类纸质文献或电子文献，通过手工的方式或者利用计算机终端进行有效整合，把相关的文献线索或知识信息查找出来，满足读者需求的服务方式。开展文献检索工作的目的是为了广、快、精、准地向读者提供他们所需要的文献信息资料，以节省用户查找文献信息的时间和精力。

（1）文献检索的类型。①数据检索。以文献中的数据为对象的一种检索。例如，查找某种材料的电阻，某种金属的熔点，市场行情、电话号码等，这些数据是一些能够直接使用的信息。②事实检索。以文献中的事实为对象，检索某一事件发生的时间、地点或过程，如查找鲁迅生平。③文献检索。以文献原文为检索对象的一种检索。

（2）文献检索工具。检索工具是进行文献检索工作的必要条件，包括传统的检索工具和数字化的检索工具。传统的检索工具主要是印刷型的检索性刊物与参考工具书，如书目、索引、文摘等；数字化的检索工具包括利用计算机进行存储和检索的光盘数据库、网络数据库、全文数据库等。检索工具必须具有存储功能和检索功能。

（3）文献检索的手段。信息检索的手段包括手工检索（简称"手检"）、计算机检索（简称"机检"）、光电检索、机械检索等。后两种手段目前已不常用，机检则是当今最广泛使用的检索手段。

（4）文献检索服务的流程。①分析读者需求，明确检索要求。要明确检索目的，确定检索范围，掌握检索线索。②选择检索工具，确定检索方法。根据检索课题的主题及学科范围来选择相对应的检索系统或工具。要以专业性检索工具为主，再通过综合型检索工具相配合。③确定检索途径和检索标识。检索途径可以分为分类途径、主题途径、著者途径和其他途径四种。一般的检索工具都根据文献的内容特征（分类号、标题词、关键词、叙词）和外部特征（著者、题名、序号、时间、出版机构等）提供多种检索途径。④查找文献线索，索取原文。应用检索工具实施检索后，获得文献线索，对文献线索进行整理，分析其相关程度，根据需要，可利用文献线索中提供的文献出处去获取全文。

2. 咨询服务

图书馆咨询服务的实质是以文献为根据，通过个别解答的方式，有针对性地向读者提供具体的文献、文献知识或文献途径的一项服务工作。该定义明确指出咨询的基础是文献，咨询服务以文献为主要依据，针对读者在获取信息资源过程中提出的各种疑难问题.利用各种参考工具、检索工具、互联网以及有关文献资源，为读者检索、揭示、提供文献及文献知识或文献线索，或在读者使用他们不熟悉的检索工具方面给予辅导和帮助，以解答读者问题。由于解答问题的主要依据是图书馆现有的文献或其他参考源等，且提供的答案又是参考性的。所以，对这类服务多称为"参考咨询服务""参考服务""咨询服务"等。

（1）图书馆咨询服务的类型。公共图书馆的咨询服务既包括被动接受读者询问，也包括主动宣传报道、信息推送；既包括馆内咨询，也包括馆外咨询；既包括通过个别辅导方式帮助读者查找信息，也包括开展各类读者教育活动普及推广信息；既包括开展简单的普通咨询服务，也包括专题文献研究和服务等较深入的咨询服务；既包括面向普通读者的咨询服务，也包括面向政府机构、企业等特定人群的咨询服务等。

首先，普通咨询服务。由工作人员接受读者咨询提问，并提供解答，一般问题难度不大，可较快解决。按照读者提问的内容特征可分为向导性咨询和辅导性咨询。向导性咨询的问题都是一些常识性问题，如某某阅览室在哪里、图书馆开放时间等。工作人员需将问题进行归类、整理成参考咨询手册或"常见问题"，以便快速回答或统一口径回答。辅导性咨询是指针对读者在查找资料过程中出现的各种问题而进行的咨询活动。针对读者提出的一般性，知识咨询，通过查阅各种相关的参考工具书查找线索或答案，直接回答读者，或指引读者利用某一工具书、刊，直接阅读有关咨询问题的资料。对读者在查找文献过程中，因不熟悉检索方法而遇到的困难，图书馆工作人员可以充分发挥自己熟悉馆藏、熟悉检索工具的优势，给读者以检索方法的辅导和帮助。

其次，为地方政府提供决策服务。要完善深入了解民意、充分反映民意、广泛集中民智、切实珍惜民力的决策机制，推进决策科学化和民主化。党政领导的决策牵涉面广，任何疏忽都可能对社会、老百姓造成不良后果，因此领导在做出一项决策之前，需充分了解各种信息。图书馆作为社会公益性机构，理应为广大党政领导提供决策参考服务，以提高领导决策的科学性。决策服务的内容包括立法决策服务、政治决策服务、经济决策服务等。图书馆提供决策服务的方式包括：以地方政府及政府决策执行部门作为服务的对象，为其提供专项信息咨询服务；与政府有关部门合作编制具有影响力、有品牌效益的信息产品；根据地方政府关心的大事、突发事件编制专题信息剪报；参与地方政府支持的课题研究；为政府决策部门开通网络信息服务绿色通道；编制本地舆情信息刊物；为党代会和"两会"提供咨询服务等。

（2）图书馆咨询服务的形式。咨询的服务方式有传统咨询形式和网络咨询形式两大类。传统咨询形式常见的有到馆咨询和电话咨询。图书馆各阅览室都设有咨询岗，图书馆工作人员可以为读者提供文献查阅、检索服务等全方位服务。图书馆总服务台可以提供电话咨询服务，各个阅览室也可以提供电话咨询服务，如询问开馆时间，办理续借书刊，借书证的办理等。网络技术的迅速发展和应用，使传统咨询的提问和解答方式都发生了重大变化，出现了信息推送和虚拟咨询等通过网络完成的咨询服务。

（3）图书馆咨询服务的工作流程。①受理咨询。既包括工作人员通过口头、书面、电话、信函或网络等方式了解到读者需求，也包括工作人员深入实际主动了解的读者需求。②分析研究。对读者提出的问题进行深入的分析，对特定文献、特定主题、特定课题等需求类型，制订不同的检索方案。③文献检索。按照制订的检索方案，并按照一定的步骤、方法和途径来查找文献。④答复咨询。获得读者需要的文献和文献线索后，可直接向读者提供答案，介绍参考工具书；或提供专题书目、二次文献及其文献线索；或直接提供原始文献（或文献复制品）；或提供网址等。⑤建立咨询档案。对咨询问题进行解答后，应记录读者信息，记录咨询问题提出的内容、手段、解答方式，以及读者的反馈意见等。咨询档案一方面可用于以后查阅、统计和总结，另一方面可做衡量咨询服务质量的依据。

（三）阅读指导与推广

1. 阅读指导

阅读指导是指在读者阅读过程中，根据其需求，协助其选择适合的阅读素材，指导其如何阅读，以提升其阅读能力。阅读指导的内容包括对读者使用图书馆的指导，"主动阅读""无功利性阅读"动机的培养，阅读习惯的建设，阅读内容的建议和选择，阅读资源获取途径的指导，阅读技能和阅读方法的指导等。

2. 阅读推广

阅读推广是指图书馆通过开展各种阅读活动，向广大市民传播阅读知识，培养市民的阅读兴趣，促进全民阅读。阅读指导的目的是满足读者的阅读需求，而阅读推广则是为了激发这种需求。阅读推广活动既是对阅读本身进行推广，也是对阅读指导服务的推广，更是图书馆一种很好的自我推广方式。

二、图书馆其他服务介绍

（一）公共图书馆展览服务

图书馆的展览服务是指图书馆在一定的地域范围或网络空间内，用固定或巡回的方式，将某一个主题通过艺术作品、图版图片、图书资料或实物、模型、标本的形式进行展示，对读者进行信息传播、直观教育的服务。公共图书馆的展览服务由于宣传范围广泛、报道内容具体、利用方式简便、发挥作用迅速及时而受到读者的普遍接受和喜爱，已成为图书馆文化展示、文化交流的重要组成部分。

（1）根据展览的主题不同，公共图书馆展览的类型可以分为：馆藏资源与服务成果类展览，如馆藏家谱展、特色地方文献展等；艺术类展览，如书法展、油画展、摄影展、陶瓷展等；科技类展览，如功能性新材料成果展等；社会热点类展览，如抗震救灾新闻图片展、"两会"宣传图片展等；当地特色民俗、支柱产业类展览，如果民间剪纸展、纺织材料展等；生活百科类展览，如家庭装潢图片展、花卉园艺展等。

（2）根据展览的载体不同可以分为实物展览和网上虚拟展览。

（3）根据展览的活动方式不同可以分为阵地展览和巡展。

（4）根据展览的举办周期不同可以分为常设展和临展（短期展），常设展的展期一般为一年以上甚至更长，临展（短期展）一般为三五天至一个星期，或者十天半个月，但一般不会超过两三个月。

（二）基层辅导

基层辅导是指公共图书馆对本地区或本系统所属的中小型图书馆在贯彻办馆方针、改进业务技术方法、培训专业干部等方面进行指导与帮助，组织基层图书馆相互学习，交流经验.研讨业务问题。

基层辅导的内容包括以下几个方面。

1. 为基层图书馆提供业务辅导

由于各地区公共图书馆在性质、任务、人员结构和工作条件等方面情况不同，因此对基层图书馆的辅导方法不可能完全一样，必须依据各馆的实际情况，提供个性化的辅导方案。

（1）根据辅导方法的不同，业务辅导可以分为重点辅导和巡回辅导。重点辅导是指公共图书馆业务辅导人员在本地区或本系统所属的中小型图书馆选择几家图书馆作为重点辅导对象的一种辅导方法。这种辅导方法的特点是：重点明确、易于培养业务骨干、易于作为试点馆推广经验。被辅导对象的选择有两方面的标准：一方面是在本地区、本系统内选择基础较好、可以培养成为本地区或系统内先进典型的试点馆进行重点辅导；另一方面是选择在业务上存在问题较多、亟待重点帮助的图书馆进行重点辅导。在重点辅导中，业务辅导人员应注意辅导的系统性，实现由解决单一问题到解决思路问题的转变，并注意培养业务骨干，由单向业务辅导向双向经验交流转变。

巡回辅导是指业务辅导人员在本地区或本系统所属的中小型图书馆逐个进行面对面业务辅导的一种辅导方法。这种辅导方法的优点是针对性强，解决具体问题效果明显。在进行巡回辅导的过程中，辅导人员遇到的业务问题带有共性和特殊性，因此辅导人员一要注意积累经验，二要仔细分析每个基层图书馆产生问题的背景，具体问题具体分析，同时要注重培养基层图书馆独立解决问题的能力。

（2）开展业务辅导的手段包括业务研讨、业务培训和调查研究。业务研讨是指辅导人员与被辅导人员围绕图书馆当前的重点工作以及业务工作中遇到的共性问题开展深入的研究和讨论，最终达成共识，形成在一个地区或一个系统范围内各图书馆共同遵守的业务规范。业务培训是辅导工作的主要方法，也是继续教育和终身教育的一种有效形式。进行培训的方式是多种多样的，如培训班、专题业务知识讲座、现场观摩会议、参观学习等方式。调查研究是开展辅导工作的基础。有效地开展调查研究，有利于发现典型案例、总结先进经验、了解辅导对象业务工作中的问题、积累丰富的原始资料，从而分析出一个地区或一个系统内图书馆事业建设的变化发展规律，制订出符合客观实际需要、切实可行的业务辅导工作计划。

2. 推动本地区公共图书馆服务网络体系的建立

公共图书馆服务网络体系是公共文化服务体系的重要组成部分，推动区域内公共图书馆网络体系的建立是当前工作的重点内容。基层图书馆服务网点少，服务能力和水平不高，因此，公共图书馆应该加强对基层图书馆的业务辅导，增强基层图书馆之间的横向联系，督促和指导基层图书馆完善和巩固基层服务网络。

3. 为基层图书馆提供资源援助

公共图书馆对基层图书馆的资源援助主要包括馆藏资源援助、人力资源援助和设备资源援助三方面。基层图书馆拥有的资源不平衡，不仅体现在省市级图书馆与乡镇、村级图书馆之间不平衡，也体现在东部基层图书馆与中西部基层图书馆之间不平衡。为了缓解这种状况，国家开启"国家图书馆西部援助计划"正式启动，国家图书馆每年将10万册复本书和下架书刊捐赠给西部地区一个省的县级图书馆。除捐赠10万册图书外，国家图书馆还联合受赠图书馆所在省的省图书馆举办文化活动；组织由国家图书馆专家学者组成的讲师团对该省基层图书馆员进行公益性业务培训，帮助基层图书馆提高基础业务水平和服务能力，同时接受西部地区图书馆到国家图书馆参观、考察和业务实习。此外，文化部还启动了"县级数字图书馆推广计划"，该计划将在全国每一个县级图书馆建立电子阅览室，向每个县级图书馆提供1TB数字资源，这批资源主要包括视频、图片、电子图书、电子期刊、网络信息资源等多种类型，使县级图书馆成为面向基层群众提供数字文化服务的重要阵地。同时，通过县级数字图书馆进一步向基层辐射，使全国城乡基层图书馆、文化馆（站）、文化室都能够方便快捷地利用国家数字图书馆的建设成果提供优秀文化服务。

综上所述，图书馆进行基层辅导工作应注意积累经验，并灵活地将新技术应用到实际工作中，推动基层图书馆之间的交流与互助，建立一个高效、系统的业务辅导网络，为本地区公共图书馆服务网络体系的建立和完善打下基础。

（三）流动图书馆服务

"流动图书馆是为远离固定图书馆的读者服务的方式，是利用汽车等运输工具装备起来的图书馆，可以任意移动，定期将图书送至各个工矿企业、机关、农场、学校、居民点开展图书借阅工作，举办群众性的图书宣传活动"。流动图书馆具有经济适用、方便灵活、快捷高效等优点，目前，汽车图书馆和图书流动站是我国流动图书馆的两种主要服务形式。

1. 汽车图书馆

汽车图书馆一般用装有书架和借书桌等设备的汽车，将图书馆的部分图书、期刊、音像资料定时、定点地送到企业、医院、学校、乡镇、农村或其他偏远地方，供读者阅览，并办理外借手续。汽车图书馆在一定程度上弥补了边远地区图书馆覆盖率不高的问题，是推进社区、乡镇文化建设的一种创新方式。有的汽车图书馆还开展宣传图书、普及知识的群众性活动，如举办朗诵会、图书展览、读者会议、座谈会等。有的汽车图书馆除提供印刷型文献的流动服务外，还携带录音录像磁带、科技电影和放映设备到流通点播放。

汽车图书馆作为流动图书馆的主要服务方式，它相对固定图书馆来说具有投入成本小、灵活性强、服务面广、效果明显等优势。汽车图书馆可以扩大图书馆服务工作的覆盖面，将公共图书馆的服务迅速蔓延至离图书较远的地区，最大限度地缩短了图书馆与读者之间的距离，有效提高了公共图书馆的藏书利用率，是实现公共图书资源共享的重要手段。

2. 图书流动站

图书流动站实际上是固定的流动图书馆，是由条件较好、馆藏丰富的公共图书馆在离本馆较远的基层图书馆设置图书流动站，开展图书循环借阅的一种服务方式。对市、县图书馆来说，图书流动站是流动服务点，而对当地居民来说，它们就是固定的基层图书馆。基层图书流动站一般建在人口相对集中的居民区，属于一种小范围内的文化设施，多为地区公共馆援助建设，规模不大，且藏书多以科普、生活、娱乐类为主，包括一些主要的报纸杂志，总藏量一般在千册左右，由当地公共图书馆统一调拨配送。目前我国流动图书馆发展迅速、形式多样，除了在学校、企业、社区、乡镇建立图书流动站，有的图书馆还将服务延伸到了医院、监狱、渔村甚至牧场，总之，有知识需求的地方就有图书馆。

（四）政府信息服务

《中华人民共和国政府信息公开条例》（以下简称《条例》）第二十五条规定："各级人民政府应当在国家档案馆、公共图书馆、政务服务场所设置政府信息查阅场所，并配备相应的设施、设备，为公民、法人和其他组织获取政府信息提供便利。""行政机关可以根据需要设立公共查阅室、资料索取点、信息公告栏、电子信息屏等场所、设施，公开政府信息。""行政机关应当及时向国家档案馆、公共图书馆提供主动的政府信息。"这表明将公共图书馆作为开展政府信息服务的主要场所已成为政府信息公开工作中的一部分，公共图书馆的社会功能得以扩大，服务领域和发展空间得以拓展，这对公共图书馆发展将产生深远的影响。

公共图书馆的政府信息服务，包括两个方面的内容：政府信息组织和政府信息服务。政府信息组织工作，是指公共图书馆进行当地政府信息的收集，公开目录、指南、索引、摘要的编制工作。政府信息服务，是指提供政府信息的查询、获取和咨询。

第二节　图书馆服务体系的兴起与发展

一、图书馆服务体系的发展本质

公共图书馆服务体系在我国属于新生事物，其建设实践尚处于起步阶段。公共图书馆服务体系的理论研究滞后于实践活动，人们明确提出公共图书馆服务体系概念并予以系统研究的时间则更短。"公共图书馆服务体系"概念是研究者在我国建设普遍均等的公共文化服务体系的语境下对"图书馆网络""图书馆集群""总分馆体系"等现象的抽象。研究者基于各自的理解，对公共图书馆服务体系下了不同的定义，指明和限定"公共图书馆服务体系"概念所指称的现象。

2007 年，上海图书馆周德明研究员对"公共图书馆服务体系"的定义进行明确表述，以上海市为例提出了"公共图书馆服务体系"的定义，从以下五个方面界定公共图书馆服务体系，即主导者是政府，宗旨是宣传先进文化，目的是满足大众基本的阅读和知识信息交流需求，主体是公益性文化服务机构，实质是文献信息服务体系。此定义明确了公共图书馆服务体系的主导力量是政府，这对公共图书馆服务体系的理论研究与实践活动均具有非常重要的指导意义。①

2008 年，于良芝对先前的定义做了详细的解释，论证了公共图书馆服务体系，指明公共图书馆服务体系的主体是特定区域的公共图书馆，客体是图书馆服务，服务方式包括独立提供与合作提供两种类型，且对公共图书馆服务体系的各种表现形式做了介绍，增加了对公共图书馆服务体系目标的说明——保障普遍均等服务、实现信息公平。②

2011 年，阮胜利将公共图书馆服务体系的主体限定为"各级政府主办的公共图书馆"。此定义没有明确提出公共图书馆服务体系的客体是"公共图书馆服务"，但"公共图书馆组成的服务体系"的表述则体现了这一含义。③

2018 年，石彩霞将公共图书馆服务体系的主体界定为"提供公共文化产品的服务机构"，扩大了公共图书馆服务体系的范围。另外，公共图书馆服务体系也并非一个服务机构，而应该是由图书馆服务组成的有机体系。④

2019 年，李东来表示，"全民阅读"逐渐上升为国家战略，发展迅速。推进全民阅读高质量发展，是满足人们对美好文化生活向往的需要，也是国家现代化的需要。全民阅读高质量发展标准，要求既实现全民阅读公共服务的高质量，也要求国民阅读整体水平的高质量。⑤

全民阅读高质量发展，对公共图书馆等全民阅读公共服务体系建设提出了全新的要求，要求阅读设施、阅读内容、阅读活动、阅读服务都需要

① 周德明. 关于上海市公共图书馆服务体系建设与完善的思考[J]. 图书馆杂志，2007（5）：32-37.

② 于良芝. 走进普遍均等服务时代：近年来我国公共图书馆服务体系构建研究[J]. 中国图书馆学报，2008（3）：31-40.

③ 阮胜利. 图书馆治理结构研究：人文词源、人本规律、构想形态、问题实质[J]. 图书馆学研究，2011（1）：49-53.

④ 石彩霞. 关于信息化背景下文书档案管理工作的探究[J]. 现代经济信息，2018（10）：166.

⑤ 李东来. 公共图书馆服务体系发展新阶段的认知与思考[J]. 国家图书馆学刊，2019，28（5）：89-92.

面向人们的新需求进行全面升级。全民阅读高质量发展，还要求大力加强国家阅读政策体系建设，实施"五个一"工程，大幅提高国民的阅读素养。全民阅读高质量发展还需要面向数字化智能化时代，发展面向知识社会的新型阅读体验，使阅读成为每个人的本质。

党的二十大报告指出："对新时代党和国家事业发展作出科学完整的战略部署，提出实现中华民族伟大复兴的中国梦，统揽伟大斗争、伟大工程、伟大事业、伟大梦想，明确'五位一体'总体布局和'四个全面'战略布局，确定稳中求进工作总基调，统筹发展和安全，明确我国社会主要矛盾是人民日益增长的美好生活需要和不平衡不充分的发展之间的矛盾，并紧紧围绕这个社会主要矛盾推进各项工作，不断丰富和发展人类文明新形态。"该报告提出并贯彻新发展理念，着力推进高质量发展，推动构建新发展格局，实施供给侧结构性改革，制定一系列具有全局性意义的区域重大战略。

高质量发展，既要求经济高质量发展，也要求社会高质量发展和文化高质量发展。党和国家要满足人民对美好生活的新期待，就需要提供丰富多彩的、高品质的文化产品与服务。全民阅读作为文化发展的重要组成部分，也必须走高质量发展之路。

从个人来说，通过阅读，既可以不断地更新和升级知识系统、信息系统和观念系统，实现认知升级，也可以不断地丰富和拓展生命的宽度、高度和深度，帮助消除束缚生命的各种困惑，超越自我，找到内心的能量，修建一座烦恼无法入侵的精神家园。通过阅读，可以掌握幸福地生活、幸福地工作、幸福地建立亲密关系、幸福地建立理性人生观和拥有阳光心态的方法。阅读的过程是一种美好的精神享受，沉浸其中，我们会有一种美妙的快乐体验。阅读力是个人的学习力、创新力的源泉，是幸福力的重要来源。

从群体来说，阅读可以说是企业可持续发展的不竭动力，是城市创新力和经济发展的动力，是一个城市文化素养的基础保障，是一个民族文化发展的源泉，是综合国力和文化软实力的组成部分。

2023 年 4 月 23 日，中国新闻出版研究院发布了第二十次全国国民阅读调查结果。2022 年我国成年国民图书阅读率为 59.8%，较 2021 年增长了 0.1 个百分点；数字化阅读方式（网络在线阅读、手机阅读、电子阅读器阅读等）的接触率为 80.1%，较 2021 年增长了 0.5 个百分点。2022 年我国成年国民人均纸质图书阅读量为 4.78 本，人均电子书阅读量为 3.33 本。

一个国家、一个城市的全民阅读发展水平，首先指的是国家与城市的居民总体阅读水平，而居民阅读水平的提高是"书香社会"建设的终极目标。无论全民阅读基础设施的建设、阅读资源的聚集、公共阅读服务水平的提高，还是阅读产业的发展、阅读社会组织的涌现、政府全民阅读工作的推进，其终极目标和长远价值都在于提高居民的阅读水平，居民阅读水平体现着全民阅读高质量发展的核心价值。其次，居民阅读水平是全民阅读高质量发展的真实反映。全民阅读的高质量发展、"书香社会"的创建工作只有在工作成效和阅读者反馈层面得到切实反映，才能体现全民阅读促进工作的核心价值。

全民阅读公共服务水平印证了全民阅读基础设施建设情况、资金投入情况和人力资源投入情况，因为人力、物力和财力都是全民阅读高质量发展基础条件。

从公共阅读服务评价的内容看，公共阅读服务可以包括以下三方面。

第一，全民阅读公共服务的普及度，包括公共图书馆建设情况、学校图书馆普及情况、社区书屋和农家书屋建设情况、实体书店的建设情况、全民阅读活动开展情况等，体现了公共阅读服务的覆盖范围及其背后的财政投入情况。

第二，公共服务的利用度，即公共服务设施的利用率和阅读活动的参与度，反映了居民参与阅读活动、使用阅读设施、享用阅读服务的实际情况，体现了公共阅读服务的供给水平和使用效率。

第三，全民阅读公共服务的满意度，是通过居民对公共阅读设施和阅读活动等公共服务的满意度评价，反映公共阅读服务质量和效果。

从公共阅读服务的建设情况、使用情况及服务质量即"建、管、用"三个环节进行的全面系统考察，可以相对全面地反映公共服务质量的整体水平。

全民阅读高质量发展，既要评估公共服务体系建设，又要评估全民阅读发展水平。评估全民阅读公共体系建设，一方面考察公共服务体系建设投入情况；另一方面考察公共服务体系建设的结构、布局、使用情况，做到物尽其用。

考察服务的满意度，只有群众见到、使用并且满意，全民阅读公共服务设施、阅读活动和阅读服务项目的作用才能真正得到发挥。从个人阅读角度看，公共服务是为人民服务的，为了进一步提高群众个人阅读水平的。

全民阅读高质量发展的最终效果，提高群众的阅读水平，包括阅读率、阅读量、阅读时长、阅读频率、阅读内容深度、广度与效度。

全民阅读的目标是提高群众的文化素养、科学文化道德思想水平。建设社会主义现代化国家，不仅是经济发展的现代化，更主要的是城乡居民生活水平的现代化和意识观念思想文化水平的现代化，即人的现代化。这既包括个人的科技能力、创新能力、竞争能力，也包括个人的素养、生活方式、道德水平。

多年来，我国大力开展全民阅读工作多注重在"世界读书日"或"读书节"期间组织开展全民阅读活动，活动也多注重阅读活动的数量、场面、媒体报道的规模与影响力等，因此存在全民阅读活动化、形式化、表面化等现象。[①]此外，随着数字化、网络化、移动化时代的到来，居民阅读存在着碎片化、肤浅化、视频化现象，纸质阅读、深度阅读和深度思考缺失。这些都告诉我们，全民阅读的高质量发展，是时代之需。

高质量的全民阅读，要求全民阅读的公共服务走向体系化之路，建设起全面、系统、完整的全民阅读公共服务体系，要求公共服务以提高居民阅读水平、满足居民对美好精神生活的向往为准绳。高质量的全民阅读，还要求我国国民不断提高阅读率、提高阅读力，并通过阅读提高竞争力、提高创新力、提高幸福力。[②]

在全民阅读高质量发展之路中，全民阅读公共服务设施、全民阅读活动、阅读内容、阅读服务是四大支柱；以婴幼儿、青少年为主体，包括农村人口、城市打工人群、视障等特殊困难人群在内的重点人群是重要对象；全民阅读公共文化服务政策体系是制度保障。

我国虽然公共图书馆数量不足，但其他类别阅读公共服务设施发展迅速，极大地弥补了公共图书馆数量的不足。这些全民阅读公共服务设施包括农家书屋、社区书屋、单位内部图书馆、绘本馆、书吧等各类新型阅读空间、流动图书馆、自助借书机、数字阅读屏，还有实体书店。

当然，公共阅读服务设施数量只是一个方面，更主要的还是公共阅读设施的服务水平，既包括公共阅读服务设施面积、藏书量、图书更新量、阅览室数量、阅读座位数量等，还包括阅读服务开放时长、办证人次、来

[①] 李振杰. 学深悟透好经验，撸起袖子加油干 在陕西省国家公共文化服务体系示范区图书馆馆长创新服务研修班结业仪式上的讲话[J]. 当代图书馆，2019（3）：75-76.
[②] 张嘉. 图书馆阅读服务的馆员素质提升策略[J]. 现代经济信息，2019（1）：396，398.

馆人次、借阅人次，阅读活动开展数量及参与人数，读者对阅读服务的满意度等软件服务质量。

我们正处于数字化时代，在这个时代，人们对全民阅读公共服务质量和服务模式，无论是阅读设施、阅读内容、阅读活动还是阅读服务，都有了更高的要求，传统的基础性阅读服务已经远远不能满足人们不断增长和变化的新需求。新时代的全民阅读，更多的是要满足人们的阅读体验，构建人民的精神生活空间，满足人们的精神需求。通过营造氛围、气场、场景、活动，形成一种有灵魂的空间，这符合了二十一世纪人们消费趋势的转变。

无论是书店、阅读空间，还是图书馆，都将从"以书为中心"向"以人为中心"进行转型。传统的实体书店和公共图书馆都只有发生脱胎换骨的变化，才能获得新的生命力。卖书是图书稀缺时代传统书店的核心模式。在图书过剩时代，买书不再是人们对书店的核心需求，而是阅读体验、阅读场景、阅读交往、精神的放松。①总之，精神的享受和消费成为主体消费需求。这要求书店从卖书向提供阅读服务转型，如组织读书会，提供更良好的阅读场所和环境、氛围，甚至是基于人们的阅读行为来建立线上线下的消费场景。新零售、新体验、新服务，成为书店商业模式的核心发展方向，以服务而不是以产品销售为效益和利润源泉，并以此来重构我们的商业模式。

综上所述，公共图书馆服务体系具有以下特质：以保障普遍均等服务为目标，以宣传先进文化为宗旨，以政府为主导，以公共图书馆为主体，以公共图书馆提供的服务为客体，实质是公益性文献信息服务体系。

二、图书馆服务体系的发展缘由

公共文化服务体系是政府提供普惠型公共文化服务的保障机制和实现途径。公共文化服务体系主要包括以下五个子系统：设施网络覆盖体系；产品生产服务供给体系；人才、资金和技术保障体系；组织支撑体系；运行评估体系。

党中央、国务院、各地党政机关高度重视文化建设，发布了一系列政

---

① 秦丽娜. 天津市区级公共图书馆总分馆制建设难点及对策研究[J]. 图书馆工作与研究，2019（增刊）：16-21，26.

策，采取了多种措施，加强公共文化基础设施和服务网络建设。我国的公共图书馆服务体系就是在全国大力宣扬公共文化服务理念、推动公共文化服务建设的背景下，作为公共文化服务体系的重要组成部分兴起和发展的。

1997 年，我国政府签署了国际人权文书《经济、社会及文化权利国际公约》。2001 年，第九届全国人大常委会批准了该公约，该公约在我国正式生效。《经济、社会及文化权利国际公约》规定了公民的文化权利，以及缔约国为保障公民的文化权利必须履行的"国家义务"。公约在我国生效表明我国政府对公民文化权利的保护开始与国际接轨。

2002 年召开的中国共产党第十六次全国代表大会明确了发展文化事业的重要性，强调要深化文化体制改革，并且特别提出加强政府对文化公益事业扶持的力度，为人民群众提供良好的公共文化服务。在政府职能转变和文化体制改革的框架中提出"公共文化服务"概念，预示着我国的文化事业发展必将迎来一个新的阶段。"公共文化服务"概念确认了文化事业必须由政府主导并提供财政支持，要求政府文化事业回归其公益性本位，切实保障人民群众的基本文化需求。

2006 年，第十届全国人民代表大会第四次会议通过的《中华人民共和国国民经济和社会发展言十一个五年规划纲要》，提出要"加大政府对文化事业的投入，逐步形成覆苣全社会的比较完备的公共文化服务体系"。其重要意义在于提出了"公共文化服务"，实现的具体方式是构建"公共文化服务体系"，"建设覆盖全社会的"公共文化服务体系"则为公共图书馆等公共文化事业指明了发展方向。中共中央办公厅、国务院办公厅印发的《国家"十一五"时期文化发展规划纲要》，提出要"完善公共文化服务体系……形成实用、便捷、高效的公共文化服务网络"，并且特别强调了地区之间、城乡之间在公共文化服务上要协调发展。这其实是要求各地提供普遍均等的公共文化服务。

中国共产党第十七次全国代表大会将"覆盖全社会的公共文化服务体系基本建立"作为全面建成小康社会的奋斗目标，同时提出"围绕推进基本公共服务均等化和主体功能区建设，完善公共财政体系"。会议不仅再次强调了公共文化服务体系建设的重要地位，而且提出通过完善公共财政体系实现基本公共服务均等化，为建设公共文化服务体系提供了强有力的保障措施。

2007 年，中共中央办公厅、国务院办公厅联合下发了《关于加强公共文化服务体系建设的若干意见》，明确了公共文化服务建设的指导思想和目标任务，提出逐步实现公共文化服务均等化，把建设的重心放在基层和农村，着力改善农村和中西部地区公共文化服务网络；努力建设以公共文化产品生产供给、设施网络、资金人才技术保障、组织支撑和运行评估为基本框架的覆盖全社会的公共文化服务体系。该意见特别提出落后地区公共文化服务网络的建设问题，首次全面归纳了公共文化服务体系的构成要素，为实践工作的开展提供了完整的组织架构。

与此同时，2010 年发布的《中华人民共和国国民经济和社会发展第十二个五年规划纲要》提出："推进基本公共服务均等化……建立健全符合国情、比较完整、覆盖城乡、可持续的基本公共服务体系。"这是对取得了阶段性成果的公共文化服务体系建设提出的下一步要求。至此我国公共文化服务体系的建设目标、保障措施等已经基本明确。

公共图书馆服务体系是公共文化服务体系的一个重要组成部分，公共图书馆在公共文化服务体系中发挥着保存人类文化遗产、履行社会教育职能、保障公民文化权利、传播社会信息、缩小信息鸿沟、消除信息歧视、支持社会各领域的文化创新、提供公共文化娱乐活动等作用。公共文化服务体系相关政策法规的陆续出台为公共图书馆服务体系的发展提供了理论指导和实施框架。

三、图书馆服务体系的发展现状

虽然我国的公共图书馆服务体系发展时间较短，但是在这一领域，我国学者经过深入研究与不断实践，已经取得了较大的成果，且研究成果的应用成为世界瞩目的焦点。自从我国上海图书馆开始应用"总分馆"制度对自身进行服务体系建设和发展之后，紧随其后的北京市、天津市、广州市、深圳市、杭州市等均按照这一模式陆续构建了符合自己城市风格与特征的公共图书馆服务体系。

当前我国全新的图书馆服务体系依然在如火如荼地构建和发展当中，并且目前已经涌现出更加多元化的图书馆服务模式和服务内容。上述的图书馆主要是我国发展较早的，且是具有一定特色的公共图书馆，本书以此作为案例，对当前我国公共图书馆的服务体系资源应用与推广的整体态势进行探索与分析。应用这一方法，能够有效突出我国公共图书馆的建设方法和建设模式，且可以反映不同地区、不同公共图书馆的建设趋势和未来发展方向。

当前，我国公共图书馆服务体系发展较为稳定的地区为沿海地区，特别是苏浙沪以及福建和广东地区等，在这一发展的大背景下，我国的公共图书馆服务体系资源应用与推广实现了"遍地开花"的效果。

目前，我国的公共图书馆服务体系的整体构建和发展方法主要有以下两种模式。

第一种模式是通过地方政府的资金支撑来完成的常规经费应用操作。

第二种模式是由地方政府给予的专项资金完成的非常规经费应用操作。

在这两种模式下，地方财政部门均可以对公共图书馆的服务体系发展和建设做出经费的保障和支撑。因此，在我国的上海市、北京市、天津市、广东省、福建省、江苏省等地公共图书馆服务体系发展的效率与态势非常迅猛，归根结底是因为地方政府对其提供的资金保障较为有效。

我国上海市的"中心图书馆"是我国最早的公共图书馆服务体系建设机构，其应用的方法为"一卡通"，借助这一方法，上海市中心图书馆实现了"总分馆"建设和发展方法。在这一运行理念和服务体系中，上海市中心图书培的资源应用与推广效率大大提升，且得到了广大读者的好评与青睐。紧随其后，北京市、天津市以及我国其他省份重点城市开始效仿上海的做法，对本地区的公共图书馆服务体系建设和发展展开了深入的思考，且针对如何提升资源支用与推广的效率和方法做出了全面的研究与探索，最终构成了当前我国公共图书馆服务体系资源应用与推广"遍地开花"的良好局面。在直辖市和广东省以及江苏省等地，由于此类地区的经济建设和发展水平较高，且对于文化的传承和弘扬较为突出，在这两大因素的支撑和保障下，以上地区的公共图书馆服务体系资源应用与推广工作的开展得到了长足的进步和发展。

例如，我国的广东省、江苏省和浙江省是我国文化事业最为发达的三个地区，三地在针对公英图书馆服务体系建设的过程中，严谨地秉承资源应用与推广的理念和方法，对当地的公共图书馆进行了不同规模的建设和发展，针对当地的公共图书馆服冬体系以及公共图书馆服务体系的资源应用与推广方法提出了全新的意见和看法进而成就了许多成功的案例，供我国其他地区深入学习与研究。

例如，福建省厦门市在近些年开始了对当地公共图书馆服务体系的建设和发展，针对如何高效建设公共图书馆、如何高效发展公共图书馆、如何对公共图书馆的服务体系资源应用与推广工作进行优化和完善提出了意见和看法，针对理论的研究与实践的探索得出了一套符合厦门市公共图书馆服务体系资源应用与推广建设办法，因而成为当前福建省公共图书馆服务体系资源应用与推广的先行者和探路者。福建省地处我国沿海地带，经济发展和民生建设水平相对较为发达，再加上近些年对公共图书馆服务体系资源应用与推广工作的重视和开发，使得当前福建省的文化事业发展态势更加迅猛，广大人民对文化事业发展的重视程度在不断地提升和发展。在这一长效机制的发展模式下，当地的公共图书馆服务体系、资源应用与推广的规模等均得到了延伸和拓展。特别是厦门市公共图书馆服务体系资源应用与推广工作的开展，不仅面向中心市区和周边市区进行拓展和延伸，同时还面对周边的乡镇和农村进行了公共图书馆服务体系资源应用与推广工作的开展和宣传，且在这一过程中取得了良好的效果，获取了丰富的建设和发展经验。

当前我国绝大多数城市的公共文化发展和建设水平都较为先进，且基础设施的建设与优化能力较强。在不同地区的地方政府财政部门的有力支撑下，以及城市居民对于文化事业发展的渴求和盼望下，城市公共图书馆服务体系资源应用与推广的整体结构实现了进一步的发展和进步，且在当今时代背景下融合了先进的信息技术和大数据技术等，建立了更加符合当前社会发展模式的服务体系和资源应用与推广模式。苏州的公共图书馆服务体系资源应用与推广模式，应用了社区分馆的服务体系和资源应用与推广方法对其进行发展；哈尔滨市公共图书馆服务体系，应用了类似于上海市中心图书馆的"总分馆"服务结构，进行资源应用与推广的宣传和服务工作；新疆克拉玛依的公共图书馆，应用了联建共享一体化的公共图书馆服务体系资源应用与推广模式，通过这一建设策略，有效地推动了当地的公共图书馆服务体系资源应用与推广业务发展。

我们通过对以上城市的公共图书馆服务体系资源应用与推广建设工作的分析可以得出，不论在哪个城市，公共图书馆服务体系资源应用与推广的主要宣传和服务对象都是广大人民群众，且主要针对的地区是公共图书馆服务体系资源应用与推广发展较为落后的地区。对中心城市公共图书馆服务体系资源应用与推广格局的构建，目的是为了方便将来对周边地区进行辐射影响，进而推动区域公共图书馆服务体系资源应用与推广模式的构建。

现今，随着数字化时代的到来，全民阅读高质量发展也面临全新的挑战与机遇。主要体现在，阅读方式从之前的单一化转变为多元化；阅读从一种获取知识的工具和手段，转变为提升自我认知的方式，升级成为一种精神层面的个人体验；阅读成为人们的社交工具、精神交往的连接器，人们越来越因为阅读而发生关联，进行精神上的交流和共享，阅读从个体时代走向社区时代。现在很多人喜欢分享，如利用 App 程序阅读，人们常常读完要发点评。以前我们可能晒美图、晒旅游、晒美食，现在变成晒知识、晒思想、晒观点、晒精神，这不只是简单地体现了"分享"这一概念，更预示着二十一世纪人类生活方式的巨大变化，从物质时代走向精神时代，从物质消费走向精神消费，人们之间的物质交往变成精神交往。

从这个角度上讲，阅读正越来越成为人们生活方式的中心，成为社会的主连接器。新时代的数字阅读，有一个"变"和一个"不变"。"变"是指人们的阅读行为模式和阅读载体、阅读内容都在发生变化，人们不只是阅读纸质图书的单一形式。在物质匮乏的年代，人们如饥似渴地阅读有限的书籍。阅读成为人们随时随地的一种日常行为，成为人们的一种生活方式。阅读不仅仅再是个人的精神满足行为，它已经进化成为人们的精神链接行为、社交行为。人在阅读中不再是孤独的个体，而是社群的精神共振、共鸣、共享，通过相互借鉴和吸收来提升个体阅读量的不足。阅读的不变，就是阅读从本质上来讲，是人对信息、知识、智慧、认知、生命、世界、宇宙的一种思考，是让人从一个生物个体变成精神个式的蜕变路径，就像蚕蛹变成蝴蝶一样，是一个羽化成蝶的过程。

无论是古老的甲骨文时代、竹简时代还是纸本阅读时代，或手机阅读时代和社交阅读时代，阅读的本质是不变的，不仅不变，而且不断地在加强和升级。所以我们现在做的不是减少阅读、放弃阅读。在人工智能时代，阅读功能只有不断地强化才能使人更自如地基于阅读的不变本质，以阅读来提升自我，提升我们的认知、提升我们的智慧、知识，提升我们对宇宙的认知和理解，要求只会越来越高：从这个角度上来讲，浅表化的阅读、碎片化的阅读，是满足不了人们的阅读需求的。深度、结构化、系统性、沉浸式的阅读思考、批判、创新，仍然是阅读的不变之途。在现在这样一个知识爆炸、快速升级的时代，人们普遍陷入焦虑、迷惘，并会被浅表化、碎片化的知识潮流所裹挟而迷失自我。

在这个过程中，一方面，人们内心会在自身生命发展过程中发现阅读带来的价值，只有通过不断阅读、成长，才能跟上这样一个快速发展的时代；另一方面，社会、知识界和阅读界需要有效引导、引领、服务、支持和满足人们进行深度阅读的需求，引导人们以阅读来应对变革的世界和时代。这正是全民阅读公共服务高质量发展在数字化时代的使命与前景所在。

在数字化、智能化时代，全民阅读新型阅读服务的迭代升级与更高质量发展还在发生。越来越多不同类型的新型阅读服务、阅读体验还在不断出现，既包括各类阅读体验空间如禅意阅读空间、大自然阅读空间、背包客阅读空间，也包括以城市会客厅、第三空间为定位的综合性阅读文化中心，还包括线上线下结合的新型读书会，还包括"得到""混沌大学""溪山读书会""新世相""后院读书会"这些垂直性主题性专题读书组织与知识服务机构。它们围绕新时代的阅读，开展知识服务、知识社交、知识分享等产品形态和运营模式，为人们提供了全新的阅读享受，丰富着新时代人们的美好精神生活。

随着人工智能、物联网等这些数字科技的进一步发展，人类面临的挑战和机遇越来越多，这些挑战与机遇，主要不是来自体力，而是脑力。人们所需要的是对自身知识与智慧永无休止的更新升级，终身学习成为每一个人的生存之需、发展之道。人们对美好生活的追求更多的是不断更新升级的精神消费。

从这个意义上说，数字化时代越发展，高质量的阅读服务需求越大，阅读能力、阅读素养越来越成为每一个人的核心竞争力。阅读正在成为人的本质，通过高品质的阅读，每一个人都将成为更好的自己。例如，较为成功的乡村公共图书馆服务体系资源应用与推广建设单位有嘉善公共图书馆、海盐公共图书馆等。其主要服务的对象是乡村人群，且公共图书馆服务体系的构建和资源应用与推广的发展模式是基于城镇化建设的基础上，应用了城乡一体化资源共享的方法进行了包含城市与乡村的服务体系建设和发展。

另外，广东省的流动公共图书馆建设和发展也较为成熟，主要针对的目标人群是乡村人群，且服务的对象较为广泛，流动图书馆开展资源应用与推广宣传工作和服务工作的效率及质量会更高。

第三节 图书馆服务体系资源应用与推广的

主要内容及特征

在人类文明的发展过程中，资源和信息为我们提供了巨大的帮助，并发挥着其引导作用。人类的发展和进步基于资源的应用和信息的分析，同时只有对资源和信息的有效应用才让人类社会的发展从混乱无序变成今天的井然有序。

特别是在当今时代背景下，各类媒体异常活跃，对资源的采集和信息的归纳与整理工作更加复杂烦琐。当今社会属于"快讯时代"，这一时代的主要特征是"信息瞬间爆炸""全新资源采集困难"。城市公共图书馆服务体系资源应用与推广的建设需要对广泛的资源进行集中管理，进而为广大读者提供相应的服务和保障。所以，在这一过程中，资源应用与推广工作的开展模式便决定了公共图书馆服务体系发展和建设的整体质量和效果。

一、图书馆服务体系资源应用与推广的建设内容

（一）资源采集

在城市公共图书馆服务体系的建设和发展过程中，对资源应用与推广工作的开展需要通过资源采集的方法来完成。资源采集工作的开展是保障城市公共图书馆服务体系资源应用与推广的关键要素，也是实现公共图书馆服务体系有效构建和发展的基础工作，应用该方法，能够为广大读者提供优质的服务，且可以对资源进行有效的整理和归纳，进而可以实现公共图书馆服务体系的完成构建和发展。

公共图书馆服务体系的构建与单体图书馆服务体系的构建不同之处在于：单体图书馆讲究通过"小而全"的服务理念对图书馆资源进行应用与推广，而公共图书馆服务体系讲究通过"大而全"的服务理念对资源进行应用与推所以，公共图书馆服务体系更加注重对资源的广泛收集与整合，且特别关注对整个资源应用与推广服务体系的整体分工与布局。该方法的应用，可以提升公共图书馆服务体系的资源收藏量，增加对读者的服务资

本。在当前的公共图书馆服务体系中，对资源的采集主要是通过协调采购的方法和集中采购的方法来完成的。

（1）集中采购主要指的是在公共图书馆服务体系的发展和建设过程中，通过组团采购的方法对资源进行收集与整理，然后通过对资源的分类和资源的筛选，将之归类为不同的区域中为广大读者提供相应的服务。[①]其中，采购人员需要与资源供应商进行洽谈，以此压低采购的成本，提升采购的实用性和经济性。该方法的应用，能够有效地控制采购资金的使用，减少人力资源和物力资源的浪费。

在当前我国的公共图书馆服务体系资源采购过程中，资源的集中采购方法为当前应用的主要方法。例如，我国厦门市公共图书馆服务体系为了有效解决资源采购的资金，控制资源采购对人力和物力资源的浪费，采取了"总分馆"的采购方法对其进行资源采购途径的开发与设计，且在这一过程中结合了信息技术应用手段，通过采购传统纸质资源和全新电子资源的方法对其进行双向发展和建设。通过这种方式，厦门市公共图书馆服务体系资源采购的成本得到了有效的控制，且采购的资源内容更加丰富多元，同时体现出数字化和信息化的资源应用与推广特点。厦门市公共图书馆服务体系资源应用与推广在"总分馆"的模式下，有效完成了资源共享、资源共建的发展模式。

（2）协调采购的主要方法是通过对公共图书馆服务体系资源应用的范围以及资源收藏的范围进行分析与研究，然后通过分工联合的方法进行资源的采购。在这一方法的应用过程中，协调采购重点突出了对公共图书馆异质性资源的采购措施，其最终目的是建设一个特色化的、个性化的、区域特征化的公共图书馆服务体系资源应用与推广模式。[②]采用协调采购的方法，公共图书馆服务体系需要对各成员馆进行优势的撷取与劣势的补差，以此建立一个全面的、完整的、科学的公共图书馆服务体系，从而保障资源的收藏与应用灵活性不断提升。

例如，我国在二十世纪九十年代就已经在部分城市建立起了联合采编机构，通过对各类文献书刊的收集和购买，对不同的读者群体对其进行针

---

① 郭春兰. 政府集中采购背景下公共图书馆提升图书采访质量探讨[J]. 中国中医药图书情报杂志，2017，41（5）：35-37.
② 刘占辉，刘俊杰. 关于建立全国图书馆图书采购协调监管机制等问题的议案[J]. 图书与情报，2008（1）：59-62.

对性的服务体系建设，进而扩大资源应用的空间，提升资源应用的效率，拓宽资源推广工作的开展渠道。协调采购在公共图书馆服务体系中能够通过独立的方法对采购资源进行选择和挑选，进而针对不同公共图书馆对资源的需求开展采购工作。协调采购在当前社会的发展模式中来看，既是一种对公共图书馆服务体系资源应用与推广的全面创新，也是对资源采购工作开展的有效突破。虽然这一采购方法在 20 世纪就开始应用，但是由于我国大部分公共图书馆所选择的采购方法为集中采购法，因此这一方法的发展较为滞缓，进而导致当前我国在公共图书馆资源的协调采购工作开展方面依然处于初步探索的阶段，且没有将之作为一个广泛应用的方法进行推广和宣传。

为满足资源采购的需求，很多应用集中采购方法的公共图书馆均建立了采访工作小组。公共图书馆的资源采购体系是否科学，会直接影响到公共图书馆资源应用与推广的整体质量，所以，科学合理的采购方法是公共图书馆服务体系资源应用与推广工作开展的核心内容。公共图书馆资源的采购方式以及业务人员个人水平的差异性，是影响公共图书馆资源书目数据是否规范统一的一个重要指标。若以上标准无法达到，那么必然就会严重地影响到公共图书馆服务体系的资源应用与推广工作开展。

（二）资源编目

在当前我国的公共图书馆服务体系建设和发展，以及资源应用与推广模式的构建和应用过程中，联合编目和集中编目是保障公共图书馆服务体系资源应用与推广建设的主要方法。

在联合编目中，不但需要公共图书馆服务体系结合地区的特征以及服务对象的特征设计相应的编目原则和评价标准，而且需要公共图书馆所有人员按照这一原则和标准开展工作，对资源进行数据的统计和整理，同时需要对电子数据进行复制、维护、保存、上传和下载等工作。

此外，还需要公共图书馆工作人员在日常工作中对其进行及时的更新和优化，进而实现对联机联合目录体系的完整构建，确保后续服务工作开展以及资源应用与推广工作开展的实效性。在不同类型的公共图书馆服务体系中，以及不同规模的公共图书馆资源应用与推广建设模式中，公共图书馆工作人员的编目技术也不尽相同，且存在较大的差异性。

为此，需要通过城市的中心公共图书馆对其进行编目数据的标准统一，同时需要对校验的标准和分辨数据的标准进行有效的设定，以此确保工作人员在进行编目的过程中能够结合既定标准认真完成好资源编目工作。所以，通过联合编目的方法对当前我国的公共图书馆工作人员以及资源应用与推广的方法进行整合，能够有效地降低书目数据的重复现象，提升编目工作的开展效率，促进书目数据资源应用与推广的共建原则发展。

在集中编目中，需要公共图书馆结合馆内人员和相关设备的应用，负责馆内为服务体系资源编目。该编目方法与资源集中采购是相互结合的，集中采购能翌让编目工作的开展具备更高的可能性。[①]例如，在厦门市公共图书馆服务体系中，联合了厦门市区的"街联网工程"对其进行应用和发展，进而促使厦门市公共图书馆资源采购和集中编目工作的开展得到了有效的进步，且建立起了较为科学的体系结构，进而提升了厦门市公共图书馆不同成员馆的资源应用与推广效率，降低了厦门市公共图书馆服务体系编目工作开展的压力，确保厦门市公共图书馆服务体系资源应用与推广的整体质量。应用集中编目方法对公共图书馆服务体系进行构建和发展，对广大中小型公共图书馆而言，具有较高的应用价值和实际效应。

（三）服务体系的建设及发展模式

公共图书馆服务体系资源应用与推广工作的开展是为了有效提升图书馆的馆藏资源，促进图书馆的应用价值和应用效率，进而为更多的人提供优质的服务。另外，在这一发展背景下，还可以实现对公共图书馆馆藏资源的有效分配与合理利用，促进其流动性和组织能力的提升，这样可以让公共图书馆服务体系资源应用与推广工作的开展形成一个科学的体系，进而实现有序落实与推进的效果。

公共图书馆服务体系资源应用与推广反映的是图书馆馆藏资源的总和，其管理相对来说较为复杂，且管理的程序设计相对较为困难，因为城市公共图书馆服务体系的构建是在总分馆以及成员馆的基础上发展起来的，并且在运行各项工作的时候需要通过统一安排与调度的方法来执行，所以相对于单独的单体图书馆而言，其服务体系的建设和发展模式务必要更加科学配套，只有这样才能保证公共图书馆服务体系资源应用与推广的整个系统能够正常工作和运行。在此，资源应用主要可以体现在以下方面。

第一，需要各个成员馆对图书馆馆藏资源进行分类，以此完善不同图

---

① 张虹. 图书馆编目工作的演变和社会化发展[J]. 河南科技，2008（7）：32-33.

书馆馆藏资源的信息和数据，进而为后续的公共图书馆服务体系资源应用与推广设计相应的服务方法和服务模式。在此要避免独立体系和支撑体系的现象发生。这样不仅不利于公共图书馆服务体系的整体发展，甚至会打乱整个公共图书馆服务资源应用与推广的节奏和框架。在这一过程中，图书馆可以对馆内工作人员进行相应的培养与指导，使其明白如何对资源进行合理的分工、如何对资源进行正确的收藏、如何对资源进行管理问题的提出和解决、如何避免资源重复记录或者漏记等。凡此种种，均既为公共图书馆服务资源应用与推广过程中需要重点解决的问题，也是制约公共图书馆服务资源推广与应用的关键要素。

第二，需要对公共图书馆服务体系进行覆盖范围的分析与研究，这样可以有效降低读者使用图书馆的难度，提升对读者服务的便捷性和时效性。这一问题可以通过设计流动图书馆的方法以及资源信息共享的方法得到有效的处理和解决，这样不仅方便了读者的借阅活动，还能提升图书馆之间资源应用与推广的效能，保障公共图书馆服务体系的完整性和高效性，改变读者对公共图书馆的传统认知态度，进而使其得到最大化的利用率。

其中，资料流动造成的资产权问题同样需要公共图书馆进行相应的思考，且需要有效地解决这一问题，避免流动性的降低以及服务体系构建的失衡。公共图书馆服务体系资源应用与推广基本方式为统筹配置或者是循环流动。在统筹配置中，结合成员馆区域特色以及服务人群的需求，结合馆藏资源，确定馆藏资源的资料收集范围。此类方法主要针对的是规模较小的公共图书馆服务体系资源应用与推广模式。

在循环流动中，需要将全部馆藏资源融入整个公共图书馆服务体系资源应用与推广的流动渠道中，通过循环的方法确保各个成员馆之间都可以或得到相应的资料与文献，确保文献的全面性和资料的新颖性。流动资源最常见于大型公共图书馆服务体系资源应用与推广建设模式中，如厦门、上海、北京等城市的中心图书馆等。在这一背景下，图书馆馆藏形态发生了相应改变，且数字化技术与信息化技术的应用越来越普遍，进而建立起了符合当前时代发展特征的"数字化公共图书馆服务体系资源应用与推广"模式。但是，其中主要的问题有：数字化资源建设的成本较高、后期投入维护的费用较大、持续维护工作的开展容易超出财政预算等。对部分高校图书馆以及专业图书馆而言，公共图书馆的数字化服务体系建设和发展对读者群体的吸引力较小，同时服务的质量和效率相比其他类型的服务模式不具备太大的差异性。

所以，务必要基于当前的公共图书馆服务体系资源应用与推广发展模式拓展全新的、低成本的、高效率的、特色化的数字化公共图书馆服务体系资源应用及推广模式。在此，需要特别关注的内容有：我们可以通过单独采购的模式、联采共享的模式、分布建设的模式等对其进行综合性的服务体系构建与发展，进而实现对公共图书馆资源应用与推广的路径构建和拓展。

二、图书馆服务体系资源应用与推广的主要建设特征

由于公共图书馆服务体系资源应用与推广的构建不但是不同成员馆之间的共同服务，而且在构建的时候需要将资源进行综合性的应用与分配，所以在实际操作过程中，会涉及不同的图书馆管理部门和管理人员，且对不同部门和人员之间的利益分配也会造成很多矛盾。这就导致公共图书馆服务体系资源应用与推广的模式构建需要结合不同部门和不同人员的切身利益需求进行相应地设计和思考，以此实现对不同部门和人员利益的有效保障，并促进公共图书馆服务体系资源应用与推广工作的有序开展和建设。

公共图书馆服务体系资源应用与推广的主要方法是通过对图书馆内部管理模式的创新、对图书馆资源采购资金的整合、对图书馆工作人员的技术提升与培训、对图书馆资源应用与推广以及服务设备的妥善保管和维护、对图书馆馆藏资源的不断增加与添置等措施实现的。这既是一个较为复杂的过程，也是一个严重牵制不同部门利益关系的工作体系。这种复杂的利益结构和工作关系，导致当前的公共图书馆服务体系资源应用与推广整体流程的应用效率很不理想。同时相关人员在统筹安排各方面利益时所应用的方法缺乏科学性和主动性，进而导致了难度的进一步增加。在公共图书馆服务体系的建设和发展过程中。对馆内成员进行协调，以及对资源应用与推广的模式进行效果的分析与提升，能够对公共图书馆服务体系的整体建设带来全新的动力和机会。

在正常情况下，公共图书馆服务体系资源应用与推广的经费资助渠道一般为两个，或者两个以上。例如，在执行集中管理的上海市的中心图书馆，主要的经费来源是上海市下辖各个区域的政府财政部门对其进行专项款的提供。在执行总分馆的厦门市公共图书馆服务体系资源应用与推广的模式中，主要的经费来源是建设主体的经费保障以及政府部门给予的经费

保障和社会团体与工会力量的经费保障等。

　　建设标准统一化公共图书馆服务体系强调资源应用与推广的整体化发展，不同成员馆的馆藏资源在这一模式下会从孤立资源转向为整体资源，且可以实现资源的共享与共建，同时这也是公共图书馆服务体系资源应用与推广的重要保障部分。不同成员馆的资源应用与推广也不再是独立完整的业务链，而是公共图书馆服务体系资源应用与推广流程中的一个重要环节。不同成员馆资源应用与推广执行的标准是否一致，直接影响到资源应用与推广的共建共享。可以说统一的标准规范是公共图书馆服务体系资源应用与推广得以开展的基础保障。

　　由此可见，我国公共图书馆服务体系制定了统一的资源应用与推广标准，利用集中检查推动标准的贯彻。多样化的公共图书馆服务体系建设，在资源应用与推广方面反映了其多元化发展的特征。该方法的应用不仅适用于公共图书馆服务体系资源应用与推广的过程，还可以在公共图书馆服务体系资源应用与推广的方式应用中创新出更多的路径。公共图书馆服务体系在资源应用与推广的编目和保存等环节中不仅能够得到广泛的应用，资源应用与推广具体的方式也会受到公共图书馆服务体系各类因素的影响。

第四节　图书馆服务体系给当前资源应用与
推广带来的影响

　　资源应用与推广是公共图书馆一切服务工作的基础和起点。作为公共图书馆的核心业务，资源应用与推广不可避免地受到公共图书馆服务体系建设的影响。归纳起来，公共图书馆服务体系建设对资源应用与推广的影响主要表现在以下几个方面。

一、推动了当前信息技术资源的建设与发展

　　长期以来我国公共图书馆界一直存在着追求"大而全""小而全"的信息资源建设思想，各个图书馆都希望建立起独立完整的信息资源体系，满足本馆所有读者的信息需求。公共图书馆服务体系建设的兴起给公共图书馆的资源应用与推广带来了深刻的影响和根本性的变革，它倡导借助资源

应用与推广的整体化与网络化建设，以资源应用与推广的集团保障代替个体保障，形成地区性，资源应用与推广体系，全方位、多角度地服务读者，满足读者需要。公共图书馆服务体系建设通过人、财、物等资源的调配和使用，采、分、编等工作的协调和管理，构建区域性的资源应用与推广保障体系，充分发挥了资源应用与推广的规模经济效应，优化了资源应用与推广的成本效益。

公共图书馆服务体系建设要求图书馆对资源应用与推广实施统筹建设，实行资源应用与推广建设的标准化和读者服务的统一化、规范化，大大提高了资源应用与推广的效率和亏量。例如，杭州的"一证通"工程将文献采购方式由原来的各馆单独采购转变为地区集中采购，杭州图书馆为区县图书馆提供图书补贴，并根据成员馆的文献需求统一采购文献，将经过分编加工的文献配送至成员馆，实行地区内的通借通还。

二、建立了多元特征的经费投入制度与模式

由于历史原因，我国各级公共图书馆的财政经费通常分归本级政府部门管理，即所谓的"财政分灶吃饭"。彼此独立的财政经费划拨方式成为多年来横亘于资源应用与推广领域的一个巨大障碍。公共图书馆服务体系建设在一定程度上突破了这种以分级财政为基础的公共图书馆建设体制，建立起了多元化的资源应用与推广经费投入机制，如由较高级别的政府部门设置信息资源建设专项经费或为基层图书馆提供购书经费补贴；各级地方政府共同出资支持基层图书馆的资源应用与推广建设；社区、公司企业、组织团体、社会人士等为公共图书馆服务体系的资源应用与推广提供经费资助。

嘉兴市城乡一体化的公共图书馆服务体系建设，采取由嘉兴市政府提供镇级分馆购书经费，市、区、镇三级政府平均分担镇级分馆的开馆经费和运行经费的经费投入方式，实现了资源应用与推广经费投入主体的上移。佛山市禅城区联合图书馆的建设则以禅城区政府投入为主导，同时动员街道和社区财政参与，并发动企业和其他社会力量共同投入。多元化的经费投入机制激发了社会各界参与信息资源建设的热情，扩大了资源应用与推广的规模。伴随着公共行政管理体制的深化改革，由政府牵头，鼓励社会力量参与的政府购买模式深入公共文化服务领域这一"富矿区"。

首先，政府购买公共图书馆服务是当前社会管理体制创新发展的必然

产物。就公共图书馆而言，政府需要将职责更多地转移到监管服务而非提供服务上，用保障图书馆服务质量替代直接提供服务内容，从而为公共文化服务职能和服务方式的转变争取到更多的选择空间和更大的实践灵活性。

其次，我国的公共文化服务长期以来是由政府单一供给，条块分割的管理体制不但严重束缚了图书馆公共服务职能的发挥，而且在资金来源单一、人员专业化水平有限等客观条件的限制下，很难做到将公共图书馆的社会效益最大化开发，因而亟待寻求新型的服务供给方式来改变这一现状。

在这种情况下，政府购买公共图书馆服务则成为适应公共文化服务领域的行政管理体制改革、用融合了多元社会力量的新型服务方式激发公共图书馆新活力的有效举措。社会组织在政府购买公共图书馆服务中扮演着十分重要的角色。参与了政府购买活动并承担起公共图书馆服务运营的社会组织可以说在形式上成为政府职能的践行者、读者利益的维护者、公共资源的配置者以及服务需求的调研者。

一般来说，参与图书馆建设的社会组织具有民间性、自治性、非营利性和公益性等特征。然而，绝对数量较少、服务能力低下、经营行为不规范等问题仍是困扰着各种社会组织长足发展的几大瓶颈，在自发性与自治性主导的管理下，这些问题很难得到根本解决。倘若没有一批成熟的、专业的社会组织参与，公共图书馆事业乃至公共文化服务的蓬勃发展则必然受到影响。

因此，社会组织需要参与到政府购买公共图书馆服务中来，在相关政府部门的指导下建立起完善的组织制度，在承担公共图书馆服务供给的过程中提高服务能力，在与图书馆读者的交往活动中规范经营行为，这样才能在我们的公民社会中培育起能够实现一定公共价值的"伟大力量"，而以此为内核提供图书馆服务的社会组织才能健康成长与可持续发展。

现今，我国社会主要矛盾已经转化为人民日益增长的美好生活需要和不平衡不充分的发展之间的矛盾。在公共文化服务领域，由政府单一供给的公共文化服务已经越来越不能满足公众日益多元化的精神文化享受的需求。在此情况下，我们远远无法达到和满足《公共图书馆宣言》中所倡导的"公共图书馆是各地的信息中心，用户可以随时得到各种知识和信息"

的公共图书馆角色定位和公众图书馆权利。^①

政府购买公共图书馆服务通过引入市场竞争机制吸纳多元化的市场主体，将存在于市场中的多种多样的文化服务整合到公共文化服务体系中来，通过赋予读者更为充分的选择权，在一定程度上释放了社会公众享受公共图书馆服务的自由。由此可见，社会公众享受公共图书馆服务自由的需求是政府购买公共图书馆服务的主要推动因素和首要目标，而政府购买公共图书馆服务也是对存在于公共文化服务领域主要矛盾的有效回应。

三、形成了资源应用与推广的流通应用渠道

公共图书馆服务体系建设的最终目的是为读者提供普遍均等的图书馆服务，信息资源的广泛流通与高效利用是实现这一目的的手段。公共图书馆服务体系建设通过对各个图书馆资源的整合，充分发挥了图书馆联合体的整体信息资源建设效能。成员图书馆之间信息资源共享的推进，使得信息资源流动的规臬扩大，频率加快。

为了满足信息资源大范围流通的需要，许多公共图书馆服务体系纷纷成立了自己的物流中心，或者通过与物流公司合作减少信息资源的回流、运送等非有效利用时间，这样既提高了资源应用与推广的效率，又降低了服务成本。例如，厦门市图书馆作为厦门市公共图书馆服务联合体的中心馆。通过成立图书分拣中心，将区、镇（街）图书馆还回的图书交给分拣中心，根据图书原分配地点分拣出来，送回原馆藏地点，保证图书分配的系统性和体各完整性。这样既实现了通借通还，方便读者，又做到图书分配的科学合理。广东流动图书馆则通过广东省立中山图书馆与书商、物流公司合作的方式，由物流公司把新书直接从书商的供应地配送到广东流动图书分馆。物流公司按照预定的流动路线，每半年再将新书在分馆之间流动一次。

图书馆资源应用与推广的开放环境是经济、政治、科学研究、思想文化全方位开放的社会环境，开放性生产方式、开放性政治生活、开放性价值观念构成社会开放的重要维度。开放环境是在互联网、大数据、云计算等现代信息技术驱动下，以社会信息化、数字化、智能化变革为特征所形成的新型信息环境。开放环境的驱动要素包括政府信息公开、公共数据开

---

① 邵甫青.《公共图书馆宣言》在中国[J]. 公共图书馆，2019（4）：69-74.

放与共享、开放出版与开放存取、开放课程、开放科学等方面。

开放环境下社会知识信息获取的成本大大降低，公共信息服务深入渗透、普及。我国高度重视开放环境建设，并取得了一定成效。传统的图书馆作为主要的信息获取渠道，提供阅览、外借、参考咨询、信息推荐、个人学习研究支持等服务，充当信息流动与知识传播系统的重要节点，履行社会知识中心的职能。当前网络和信息通信技术变革带来信息获取中介的日益多元化，特别是在 2018 年我国成年人国民数字化阅读接触率不断提升，相比之下，图书、报纸和期刊的阅读率较低且均呈下降趋势。

开放环境进一步刺激新型信息需求，进一步挑战图书馆的数据服务功能。信息数据服务在国民经济与社会建设中更加重要，公众获取政府、事业单位、企业等采集、加工、生成的数据的需求更为强烈。上海市公共数据开放平台的数据访问次数超过 600 万人次，下载利用率较高的数据集中在城市建设、教育、科技、文化休闲领域。当前与国家战略发展需求密切相关的重要数据资源仍然主要掌握在政府、商业组织、互联网平台、研究机构手中。[1]

开放环境正在驱动科学研究范式创新，进一步挑战图书馆科研服务功能。数据密集型科研范式下的数据收集、组织、引用对提升研究效率和质量尤为重要，激发了学术社区数据共享和重用的需求。有69%的科研人员认为科研资助机构应将研究数据共享作为其授予资助的要求之一。与研究机构和数据库运营商存储、加工的数据资源相比，图书馆的数据较为贫乏。不同学科领域的科学数据如气候数据、空间数据、基因数据等主要存储在由科研资助机构、研究机构建设的专门学科知识库和机构知识库中。我国开放获取机构知识库的建设主要集中在中国科学院系统与高校图书馆系统，而这些数据开放共享度有待提高，数据质量及平台功能等方面还有待改善。

图书馆的中介价值集中体现在通过采访和分类、主题标引等编目工作充分揭示文献的形式信息和内容信息，通过借阅服务使文献的内容信息为公众获取并得以传播，为文献信息内容价值和使用价值的开发与转化提供渠道，并通过长期保存使文献能够传承久远，服务于后世。

开放环境下，商业性在线文档分享平台、数字图书馆等具备资源实时

① 吴勇毅. 加速公共数据开放全力打造"上海样板"[J]. 上海信息化，2019（11）：10-16.

获取、方便快捷、程序简便、成本较低等特征，平台的友好和功能性提升用户满意度，促进用户持续使用，权威图书馆是一种发展理念，就是要在开放社会中，将图书馆建设成社会知识的权威机构，具有知识信息权威属性，成为社会公众所普遍认可、信任并优先选择的社会知识品牌。一方面，图书馆以其特有的标准对文献信息资源进行选择、核查、评估，确保了资源来源可靠、内容完整准确；另一方面，图书馆员可以发挥资源建设、教育培训、学术支持的专业指导权威作用。

开放环境下权威图书馆的建设重点是要进一步加强数据资源建设、服务及其获取、交流的权威地位。开放环境下科研诚信是开放交流的关键方式和根本要求。作为开放科学的先锋和拥护者，图书馆应开展以保存、出版为核心的研究支持服务，建立研究成果登记制度，保障研究人员学术优先权确认。图书馆应通过研究数据存储，建立科研信任的基础，促使图书馆成为研究人员进行成果提交与发表、数据存储与管理，获得学术认可、提升学术影响力的首选渠道。

四、解决了资源应用产权与推广方式的问题

受现行财政管理体制和国有资产管理办法的约束，传统资源应用与推广活动中信息资源的资产权解决方式比较单一，即谁购买谁拥有。这种资产权解决方式成为信息资源共享，尤其是通借通还的制约因素，限制了信息资源流通的范围。各图书馆出于保护本馆资源、最小化资源丢失和损毁风险的考虑，不愿或不敢开展大范围的资源应用与推广活动。

为了充分发挥资源应用与推广的价值，提高资源应用与推广的效益，创新资源应用与推广资产权解决方式是不可回避的关键课题。各地在建设公共图书馆服务体系的过程中，通过多种资产权解决方式克服资源应用与推广的资产权障碍，使真正意义上的资源应用与推广成为现实。例如，苏州总分馆体系采取资产权与文献一起流动的动态资产权解决模式。上海市的中心图书馆采用浮动馆藏模式，即文献由哪个图书馆购买，资产权和处理权永久归属该馆，而文献馆藏地点可以是任何成员馆。这些都是有效解决资产权与资源应用和推广之间矛盾的成功范例。

第七章 图书馆阅读推广及其主要模式

第一节 图书馆阅读推广的内涵

一、图书馆阅读

阅读可以在他人的经验中获得更加丰富的人生体验并提升境界，是读者获得知识、完善人性的重要途径。

（一）阅读的内涵与意义

1. 阅读的内涵

阅读，基本意义是看书、看报，并理解其中的意思。这说明了阅读具备的三个要素。

（1）是能看的"人"，这个"人"有基本的视力条件，有识字能力。

（2）是有可看的"物"，这个"物"是由文字或图画等构成的书籍、报刊等。

（3）是有一般理解能力的"人"，也就是要求这个"人"有一定的文字认知能力，不仅有一定的知识积累，还要有一定的思维能力。

阅读关系中的书、报等"物"通常叫作"读物"，而其中的"人"通常叫作"读者"。

2. 阅读的意义

（1）阅读是生而为人最基本的社会活动。一个人的成长过程，就是一个不断学习的过程，在这个过程中不断地感知和认识社会。这期间，既有大人的支持、教育，也有自己的模仿、学习。当一个孩子学习读图，便开始了他的阅读生涯。通过阅读，孩子逐渐独立认识更加丰富的世界，也在不断地适应生活、学会生活，最终独立生活。所以，阅读是在一个人成长过程中乃至生存过程中最基本的社会活动之一。

（2）阅读是生而为人最基本的精神需要。"一个人的阅读史，就是他的精神发育史"。阅读的意义不仅可以让人获得更多新知，更重要的是让人可以从前人身上获得前行的方向、战胜困难的勇气、坚定的意志和高尚的德行等精神启迪。因此，阅读需要是人类精神需要的一部分，它既是一种社会需要，又是一种心理需要，是人的内心和谐发展和精神健康成长的有力保障。

（3）阅读是生而为人最基本的文化权利。阅读是一个人精神生活的延续，是社会道德和精神文明的传承，社会应该为人类提供最基本的阅读条件，创造更加优越的阅读环境，这些是文明社会赋予人的基本文化权利。

（4）阅读是生而为人最基本的社会义务。阅读可以让个人累积和创新知识，产生自我学习动力，提升自我发展能力，每个心智正常的人应该努力阅读，尽力获得更多知识和能力，为社会更快更好地发展尽自己的责任和义务。阅读不仅让个人精神成长，也在为社会的延续和发展传承文化、创造文明。这是作为社会人的基本义务之一。

（二）阅读文化

阅读文化是建立在一定科学技术和物质材料的基础上，在社会意识、阅读环境、相关制度制约下而形成的阅读价值取向和阅读文化活动。作为一种社会文化系统，阅读文化可划分为阅读精神文化、阅读物质文化和阅读制度文化。

1. 阅读精神文化

阅读文化的本质特征和精神内核是阅读精神文化。就超越世俗生活的层面而言，阅读的意义具体表现在建立五彩缤纷的精神生活。阅读精神文化主要包括阅读需求、阅读观念、阅读的价值取向、阅读习惯和阅读技能等，宗教信仰、道德价值、民族精神对阅读活动都可以产生一定的影响，阅读对读者品格意志、道德情操、社会生活、价值观念都能够产生一定的影响。

2. 阅读物质文化

阅读文化产生和发展的物质基础是阅读物质文化，阅读物质文化包括社会经济、大学图书馆、社区与家庭、出版业、教育等方面。阅读文化产生和发展的前提条件是经济基础，人们只有在一定的经济基础条件下，才会尽情享受阅读的快乐。阅读文化的物质基础，需要大学图书馆、出版社、社区和家庭以及教育来支撑。出版业的发展现状决定了阅读内容和规模。

同时，出版业、大学图书馆和社区是开展社会阅读的主体。一个人能力与成就的大小和家庭教育密切相关，而阅读就是家庭教育的核心内容。此外，社会教育普及程度的高低，也在一定程度上会影响社会阅读风气的形成。

3. 阅读制度文化

作为一种社会文化现象，阅读必然会受到各种社会因素的制约。处于阅读文化中间层的阅读制度文化，不同程度地必然会受到群体意识、政治制度以及社会发展阶段的影响。

（三）图书馆阅读文化

1. 图书馆阅读文化建设

读书是间接经验的获取过程，也是个体在实际改造自我过程中认识客观世界的方式。在网络阅读的大背景下，广大读者要摒除休闲性、快餐性、功利性等一些偏颇的阅读观念，从大众化阅读转向个性化阅读，从"浅层阅读"转向"深层阅读"，在长期的培养和坚持下形成良好的阅读习惯。这就要充分发挥图书馆的宣传教育职能来倡导阅读，使良好的阅读意识和观念深入读者思想，帮助读者树立正确的阅读观，从而通过阅读的积累来实现自我素质的提高。

2. 图书馆在阅读文化建设中的作用

"阅读文化是建立在一定技术形态和物质形态基础上，受社会意识和环境制度制约而形成的阅读价值观念和阅读行为的总和"。以校园阅读为例，校园阅读文化则是阅读文化与校园文化在校园活动平台上的交集。在阅读文化建设的过程中，图书馆应在阅读文化建设中应当起到认知、传播、教化以及凝聚的作用。

（1）认知作用。人类认知过程总是受到文化现象的制约。人类通过不断地积累经验，改进自己的思维方式，提高自身的认知能力，从而逐渐认识自然社会、认识自身、认识世界。阅读文化通过阅读活动来实现其自身的认知功能，而图书馆在这个过程中充分发挥其服务功能，实现认知作用。图书馆的认知作用，主要体现在对阅读内容以及阅读方式的认知两个方面。

图书馆充分发挥其阅读服务功能，科学合理地为读者选择认知内容。促进读者建构合理的认知结构。随着信息化、网络化的普及，社会大众面临着越来越多的阅读选择，如何能在众多良莠不齐的知识内容中挑选出符合自身阅读需求的内容则显得尤为重要。图书馆通过专业的阅读指导服务可以为读者准备合理结构的阅读内容，从而形成合理的认知结构。这是图书馆充分发挥其作用的重要体现。

（2）传播作用。图书馆通过丰富的馆藏文字资源进行知识传播，其文献资源是传播作用得以发挥的物质保障。传统阅读方式目前仍然还是社会大众的主要阅读方式，因此，图书馆大量的文献资料存储吸引着更多的读者前来图书馆进行阅读活动。

公共图书馆通过结合读者的阅读兴趣、专业倾向、文化水平等方面推荐合适的阅读书目来进行文化传播。此外，随着网络阅读的发展，图书馆通过对网络阅读资源的加工、整合，将网络信息转化成为有利于各年龄阶段读者阅读的一种资源，满足读者阅读的需求。因此，图书馆的文化传播作用，不仅体现在以文字为载体的传统阅读当中，随着电子出版物的兴起，网络阅读也会将这个传播作用发挥得淋漓尽致。

（3）教化作用。图书馆是推动全民阅读的组织者，在社会阅读文化的建设中扮演着重要角色。阅读文化建设通过营造阅读文化氛围，从而达到教育的目的。图书馆引导读者在浮躁的现实面前，通过阅读方式丰富其情感和心灵、陶冶情操，从而帮助读者拓宽视野，提高能力。各地的图书馆作为社会阅读文化的主体，可以在阅读文化建设中起到教化的作用。

通过文献存储、资源处理、文化传播交流等形式，将主流文化深深地烙印在人们的精神生活当中。在满足读者阅读需求的前提下，引领学生阅读，促进文化传播，从而在提升自我认识的前提下，促使读者完善自己的道德价值，树立正确的世界观、人生观和价值观。这种潜移默化的教育熏陶，虽然是社会大众在文化背景下的自发行为，但是已经逐渐成为一种风格和习惯。

（4）凝聚作用。阅读文化的主体受到文化情感的激发，这是一种普遍现象。各地图书馆提供大量的阅读资料，读者作为阅读参与者通过图书馆接受各种文化信息，不论是心理还是精神上都出现了众多需求，这些需求的不断"扩张"就形成一种刺激因素。所谓的激励作用，就是通过某种刺激因素，促使某种思想愿望和行为产生的心理作用。因此，图书馆作为信息的接收载体可以在一定程度上刺激读者的需求，从而激励自身去进行探索。阅读文化不论是物质形态还是精神形态，都能够在一定程度上起到激励的作用。

图书馆能够营造优良的社会阅读文化，从而以其微妙的方式沟通人们的思想和感情，融合人们的信念，培养和激发人们的群体意识与集体意识。在阅读文化氛围中，人们通过阅读活动，产生对知识目标、价值观念、行为标准、道德规范的认同感。通过这种认同感，促进人们在人际交往过程中的和谐。通过营造良好的阅读文化氛围，构建和谐的阅读文化环境，使得人们在其中能够得到精神上的一致性和认同感。由此可见，图书馆在阅读文化的建设中，有着不可言表的凝聚作用。

二、阅读推广的概述

（一）阅读推广概念

阅读推广，即推广阅读，就是图书馆及社会相关方面为培养读者阅读习惯，激发读者阅读兴趣，提升读者阅读水平，进而促进全民阅读所从事的一切工作的总称。

联合国教科文组织颁布的《公共图书馆宣言》，开宗明义地阐述了这一概念："社会的繁荣和人的全面发展是人类最根本的价值所在。人类最根本价值的实现，取决于民众民主权利的行使和积极作用的发挥。民众对社会和民主发展的建设性参与，取决于良好的教育和知识、思想、文化、信息的普及与开放程度。"图书馆有义务和责任指导社会大众掌握科学技术，以科学的方法，在合适的时间、合适的场合读合适的书，这是提高全民科学文化素质的前提和基础，是保障社会信息公平的前提和基础，也是构建和谐社会的前提和基础。

图书馆阅读推广活动，是将图书馆作为推广主体，通过一定的推广媒介，利用特定的设施设备，选择适当的阅读内容并对活动形式进行一定的设计，从而对阅读推广的客体对象（特定的读者群体）施加影响，并接受反馈不断调整，以期达到最佳效果的所有工作。

阅读推广不仅仅包括阅读的读物，还包括阅读能力的提升、阅读兴趣的培养、阅读习惯的养成、阅读品位的熏陶及阅读氛围的营造。阅读的读物不仅仅包括传统的纸质图书，还包括电子图书及音频、视频、游戏等多媒体信息。虽对有阅读意愿但不知道如何阅读的人群，阅读推广的工作就要帮助他们提升阅读能力，具体包括选择读物的能力、理解内容的能力、阐释的能力、批判分析与创新的能力。

阅读兴趣的培养和阅读氛围的营造，是阅读推广的重点。终身的阅读兴趣和习惯，取决于有效的早期阅读，因此，阅读应从小抓起，从小培养孩子对阅读的兴趣，并使其养成良好的阅读习惯。图书馆要以各种形式吸引儿童和青少年走进图书馆，激发他们的阅读兴趣，培养他们的阅读素养。

（二）阅读推广主体

阅读推广的主体是指阅读推广活动的发起者、组织者、实施者和管理者。全民阅读活动是一项社会文化系统工程，需要集合全社会的力量推行。提高国民的阅读率，形成人人热爱阅读、全民阅读的社会氛围，社会、政府、图书馆、出版机构和大众媒体等都负有不可推卸的责任。

纵观全球的阅读推广工作，可以发现，国际组织、各国政府、媒体机构、图书馆界、非营利机构、教育机构、医疗机构、媒体，甚至是一些热衷于分享阅读的个人均参与其中，或成立阅读推广机构，或推出阅读推广项目，或组织阅读分享活动，这些都是阅读推广的一部分。

（三）阅读推广对象

由于阅读推广的目标是"全民阅读"，阅读推广所服务的对象应该是社会中的每一个个体。在进行阅读推广时，首先应该对阅读推广的目标人群进行研究，这是因为不同的对象在阅读兴趣、阅读能力、阅读动机和审美取向上各不相同，这都将影响阅读推广的内容及成效。

为了使阅读推广工作更具针对性、效果更显著，在进行阅读推广工作时要将推广对象进行细分。例如，按年龄层进行划分，可以将阅读推广对象分为低幼儿童、少年读者、青年读者、中老年读者；按职业进行划分，可以将阅读推广对象分为：工人、农民、大学生、打工者、白领等若干类别。针对不同的读者对象，还可以设计不同的阅读推广内容。

公共图书馆的阅读指导服务应是"知书"与"知人"服务，简单来说，就是图书馆员针对读者个人特质与特殊需求主动建议其适合的阅读素材。换句话说，就是阅读推广要向合适的对象选择合适的内容进行推广。

（四）阅读推广的特征

1. 文化传承性

阅读推广是利人利己、利国利民的长远的兴邦之计，关乎民众的文化内涵和国家的竞争力，任何组织形式的阅读推广者都必须树立高度的文化自觉意识。

2．公众参与性

阅读推广是面向最广泛的人群开展的文化传播活动，各个领域、各个层面的人都要求被涉及，参与其中的人越多，被影响的人就越多，社会效益越突出。

3．社会公益性

以谋求文化传播、知识服务的社会效应为目的，坚持开放、平等、非营利的精神，并有必要面向阅读有困难的人重点开展服务。

4．定位多向性

不同阅读推广主体对阅读推广的定位有所不同。例如，政府是作为发展战略而部署，学校是作为教育手段而组织，图书馆是作为事业而开展，个人是作为爱好而参与。

5．主动介入性

阅读推广者一般要组织不同规模的读书活动，主动激发、引导、促进读者读书，并可以主动了解读者的阅读需求，以促进、影响读者的阅读选择。

6．成效滞后性

阅读推广活动在作用于社会个体之后，社会个体只有在经过思考、实践之后才会有成效，而这种成效还是隐性的；当转化为社会成效的，这个环节将更加难以观测和量化。

三、阅读推广与阅读的关系

（一）阅读推广与阅读

阅读是国民学习的一种方式，是通过对图书、报刊、网络等媒介获得知识的过程；阅读推广是图书馆等社会机构指导国民阅读和推动社会阅读的行为。

从宏观上说，阅读和阅读推广都是国民阅读范畴内的工作；从微观上说，阅读和阅读推广处在国民阅读工作的不同层面。因此，它们之间既有着不可分割的联系，也有着内容和方式上的区别。阅读推广就是推动和扩大阅读，也就是通过阅读推广机构和阅读推广人的努力，让更多的人喜欢读书、善于读书，让他们更有收获、更有成效地读书。

（二）阅读推广与阅读兴趣

阅读推广对阅读兴趣的影响，一般认为是单向度的，必须提升，否则阅读推广活动就算失败。这是一种片面的认识，阅读推广对阅读兴趣的影响是多向度的，不只是提升，还有着多方面的影响。

1. 栽种兴趣

例如，对刚出生的婴儿来说，通过"阅读起跑线活动"送给孩子一个图书礼包；犹太人会在给婴儿看的书上点一滴蜂蜜，让孩子第一次读书的时候感觉书是甜的，这就为其阅读兴趣的萌发种下一粒种子。

2. 满足兴趣

阅读推广不仅要提高读者的阅读兴趣，满足其愿望也是可以的。读者喜欢什么书，推荐图书馆购买。图书馆购买后并通知读者，读者过来兴冲冲地借走，这也是一种阅读推广。

3. 转移兴趣

当读者过度痴迷某一类书，并严重影响自己的生活、学习的时候，图书馆帮助读者转移一下兴趣，合理分配一下其他兴趣点，这也是一种阅读推广。有的人痴迷于武侠、言情这一类书，图书馆可以针对他们开展一些阅读推广活动，将他们的阅读兴趣转移到专业学习或者更宽的领域，对他们也是一种帮助。

4. 归并兴趣

在大数据时代，图书馆有一个重大的职能是找到相同阅读兴趣的人，给他们提供交流的机会。这些有着相同阅读兴趣的人，通过图书馆就可以在私下组成读书小组、读书会等，相互交流读书感悟，这样会极大地激发他们的阅读兴趣，加深他们对书的钻研程度。

5. 装饰兴趣

国内外不少图书馆都设有一面高高的书墙，作为一种文化象征，营造浓郁的读书氛围。从阅读推广的角度来看，其作用更多地表现在增加阅读兴趣，推动读者从心理上接近阅读、接近图书馆。

四、图书馆与阅读推广

（一）图书馆与阅读推广的关系

图书馆是阅读推广的主阵地。图书馆作为社会求知的知识载体，为阅读推广奠定了基础，凭借自身的优势在引导阅读、满足不同层次读者的阅读需求、保障弱势群体阅读权利、促进阅读方面发挥独特的作用，图书馆推动社会阅读的过程也是其自我完善的过程。

（二）图书馆对阅读推广的影响和意义

促进社会公众阅读是图书馆的重要核心价值，图书馆在构筑阅读社会的过程中需要积极发挥自身的作用，重视弱势群体在阅读社会构建中的重要位置，关注其阅读能力和阅读状况，利用发达的网络信息技术，提供省时、低成本、高效率的阅读服务，保障读者阅读权利的实现，完成图书馆在阅读社会构建中的重要价值使命。

图书馆是倡导全民阅读的中坚力量，倡导全民阅读是图书馆社会职能中不变的核心部分。图书馆引导"全民阅读"，能为"全民阅读"提供舒适的阅读环境，进行科学的引导，提供丰富的信息资源，提供技术指导与快捷服务。

（三）图书馆在阅读推广中的主要内容

1. 引导

对缺乏阅读意愿的人，图书馆通过生动有趣的阅读推广活动，引导读者感受阅读的魅力，享受阅读的乐趣，并逐步形成阅读的意愿。推动全民阅读的发展，这正是图书馆阅读推广工作要解决的问题、要完成的任务。

2. 训练

在图书馆的服务对象中，存在许多有阅读意愿而不善于阅读的人，包括尚未学会阅读的人，如少年儿童、青年学生，还有因各种原因成年后失去继续学习机会的人，图书馆阅读推广可以训练他们，使他们学会阅读。

3. 帮助

在图书馆的服务对象中，存在阅读困难人群，也称图书馆服务的特殊人群。对公共图书馆来说，此类特殊人群包括残障人士、阅读障碍症患者等；对学校图书馆来说，主要是那些缺乏阅读知识和辨别能力的低年级学生。图书馆需要对他们提供阅读帮助，阅读推广服务就是最好的帮助。

4. 服务

传统图书馆服务目标人群的主体是具有较好阅读能力的人，即所谓高层次读者。图书馆阅读推广活动为他们提供阅读的便利，丰富为他们服务的方式。对学校图书馆来说，除了专业阅读，还要引导学生了解和学习专业之外的知识，从而丰富学生们的阅读视野，拓展学生的知识范畴。

五、图书馆阅读推广服务内容

（一）阅读推广服务的变革

1. 社会"阅读危机"的产生

当前，我国阅读人群分布不均、城乡图书馆藏书量差距较大，人均读书量与阅读时间明显降低，信息时代下多元化的信息内容反而引起了"阅读危机"这一现状。为应对"阅读危机"，提高国民文化素质，发挥图书馆传播先进文化的职能，图书馆开始转变阅读推广服务理念，按照现代人的生活方式，加大对电子文献、数字图书馆和线上数据资源库的建设力度，借助移动终端力量提高图书馆的服务范围。同时，针对不同用户群体对文献的多元化需求，图书馆应加强与其他图书馆、公共文化服务单位之间的文献交流，构建多元信息共享平台，从"阅读危机"出现的根本原因入手，转变理念、革新技术、创新内容，实现图书馆的良性发展。

2. 公众阅读意识的提高

自"全民阅读"的概念提出以来，图书馆、博物馆、文化馆等承载公共文化服务的公益性单位，通过开展多样化的阅读推广服务不断增加社会公众的阅读量，强化公众的阅读意识。例如，强化图书馆的馆藏建设、环境建设，采取图书馆、家庭、学校等网格辐射状态的三维阅读方式，根据不同年龄段用户对阅读的不同需求和反馈，进行图书馆馆藏文献的分类、更新、升级，通过多方协同的推广模式加强对社会公众阅读习惯的培养。同时，图书馆要注重增加"互联网＋"时代下用户的碎片化信息阅读量，通过开通官方微信、微博公众号的方式，及时推送各种图书馆阅读服务，让用户积极主动地参与到图书馆的各项阅读活动中，加快图书馆阅读推广服务的转型升级。

3. 阅读推广服务的发展趋势

从传统纸媒时代到多媒体时代，信息文献的获取方式发生了翻天覆地变化，社会公众的阅读方式也从纸质阅读、文字阅读、深入阅读逐渐发展为网络阅读、图像阅读、浅显阅读。为迎合社会公众阅读方式的变化，图书馆在进行阅读推广服务的过程中，开始注重网络推广、多媒体合作推广等，致力于运用新兴网络技术加强构建图书馆线上阅读推广服务平台，通过提高用户网上阅读率的方式化解单纯以纸质文献为主的"阅读危机"，并定期邀请各个领域的专家学者进行网络视频讲座与在线互动直播。图书馆应将传统纸质文献与网络技术相结合，大力发展"线上＋线下"的智慧型阅读推广服务，不断满足多媒体信息时代读者的多元化需求。

（二）图书馆阅读推广活动的类型

1. 按照开展频率划分

按照阅读推广活动的开展频率，分为定期活动、不定期活动、临时活动等。

（1）定期活动。定期活动是指图书馆以周或月为周期定期开展的活动。此类活动有固定的举办时间和活动名称，对群众阅读习惯有持续深远的意义。例如，每月图书借阅排行榜，可以为群众阅读图书提供有价值的信息；每周数字资源培训课，让群众学习如何获取利用资源。此外，还有每周好书推荐、每周影视欣赏等，图书馆应定期开展这一类型活动。

（2）不定期活动。不定期活动是指为丰富群众阅读生活而特别策划的一系列活动。此类活动新颖丰富，注重创新，活动主题与图书馆或阅读紧密贴合，对培养群众阅读兴趣有重要意义，如演讲比赛、征文比赛等。

（3）临时活动。临时活动是指未经策划临时举办的活动，而对指导群众阅读有重要作用的一系列活动。例如，转发的名人或名校的书目推荐、热门话题的书展与画展等。

2. 按照媒介形式划分

按照阅读推广活动的媒介形式分为人媒式活动、物媒式活动、纸媒式活动、视媒式活动、数媒式活动、多媒式活动。

（1）人媒式活动。人媒式活动是以人作为阅读推广活动的传播媒介，如真人图书、读书沙龙，人媒式推广交流更便捷。

（2）物媒式活动。物媒式活动是以某种事物作为阅读推广的传播媒介，使阅读更加具体。

（3）纸媒式活动。纸媒式活动是以传统纸张作为阅读推广的传播媒介，在各个高校图书馆阅读推广活动中应用较多。

（4）视媒式活动。视媒式活动如现场购荐、书展，是一种看得见的阅读推广形式。

（5）数媒式活动。数媒式活动如数字资源培训，是数字化的阅读推广形式。

（6）多媒式活动。多媒式活动是采用多媒体技术来进行阅读推广的形式。

（三）图书馆阅读推广活动的构成要素

图书馆阅读推广的主要活动要素，大致包括五种：阅读推广活动的对象、阅读推广活动的内容、阅读推广活动的开展时间、阅读推广活动的传播渠道以及阅读推广活动开展的意义。

1. 图书馆阅读推广活动的对象

图书馆阅读推广活动的服务对象主要为广大人民群众，了解阅读推广服务对象的需求，可以有针对性地开展阅读推广活动。

2. 图书馆阅读推广活动的内容

阅读推广活动的内容是阅读推广的核心部分，只有开展适合的阅读推广活动，才能真正达到阅读推广的目的。阅读推广活动内容主要包括以下几个部分。

（1）馆藏文献的推广。图书馆拥有大量的馆藏文献，是读者获取信息的优选场所，图书馆以专题书展、专业书展的方式推广馆藏文献，如在采购图书时，和书商合作开展"你荐我购"等活动。

（2）数字文献的推广。如今群众利用数字资源的比重越来越大，海量的数字资源让读者在获取利用信息时费时又费力，图书馆合作数据库开发商可以通过开展数字资源培训和丰富有趣的检索大赛，提高群众检索信息检索的技能。

（3）检索工具的推广。无论是纸质资源还是数字资源，读者更希望图书馆可以指引阅读，使群众获取更新、更有价值的资源，如图书馆开展书目推荐、借阅排行榜、好书排行榜等活动。

（4）阅读理念的推广。无论图书馆多么重视并积极开展阅读推广活动，都不如读者对阅读的高度重视，因此传播阅读推广的理念，提高阅读在读者心中的重要程度十分重要。

3. 图书馆阅读推广活动的开展时间

图书馆阅读推广活动的开展时间的选择是相当自由的，只有根据不同时间段开展不同的阅读推广活动，才能达到更好的阅读推广效果。

4. 图书馆阅读推广活动的传播渠道

图书馆阅读推广活动的传播渠道可以扩大阅读推广的影响力，让更多的读者参与其中。目前可以采用的传播渠道有两种：一是传统的传播渠道，也称线下传播，以海报粘贴、广告宣传、通知等方式；二是新媒体的传播渠道，也称线上传播，以微博、微信公众号、图书馆主页等方式。许多图书馆阅读推广活动的前期宣传、开展过程、活动评选等都采用网络平台。在活动的前期宣传，通过微博、微信等新媒体平台发布图书馆阅读推广活动信息，以点赞、投票等丰富的形式选出参与活动的获奖者，活动过程可以让读者在线交流，因为网络能及时了解读者需求，拉近了图书馆与读者之间、读者与读者之间的距离。

5. 图书馆阅读推广活动开展的意义

（1）培养阅读兴趣。阅读兴趣是一切阅读活动的前提，只有让群众对阅读产生兴趣，发现阅读中的美，才能使他们从阅读中获得真正的利益。因此，图书馆在举办阅读推广活动中，要从培养阅读兴趣出发，引领群众产生阅读兴趣。

（2）养成阅读习惯。良好的阅读习惯是一种健康的阅读方式，是一种精神食粮，如果没有良好的阅读习惯，长此以往，个人的文化底蕴就不会有所提升，思维见解就会变得狭隘空洞。因此，图书馆在举办阅读推广活动中，应长期持久，多宣传阅读习惯的重要性。

（3）指引读者阅读。很多人都知道阅读的重要性，也对书籍有着浓厚的兴趣，但是面对海量的图书，不知道如何挑选图书。这时，图书馆可以根据不同专题进行分类、筛选、排序，为群众提供高质量的读物。

（4）形成阅读素养。阅读素养也称信息素养，我们读的不仅仅是书，而是一种感悟，将书中的信息转化成自己的素养，应用到自己未来的生活实践中，这是一种获取知识的过程，更是一种利用知识的能力。因此，图书馆在举办阅读推广活动中，可培养群众阅读素养的能力，如写作、书评、读书沙龙，都可以将阅读的知识潜移默化形成个人的素养。

六、图书馆阅读推广工作中的问题

（一）阅读推广活动重视度不够

随着信息化的发展，电子阅读对图书馆阅读的冲击越来越明显，在这样的背景之下，各地的图书馆也开始重视图书馆阅读推广工作。总体来看，图书馆对阅读推广活动的重视度普遍不高。具体表现为以下三个方面。

第一，在推广活动的目标方面缺乏一个明确具体的设定，而经常只是习惯性地根据国家、地区的相关政策及方针来决定阅读活动的组织推广工作。

第二，部分阅读推广工作人员在工作过程中，往往受到主管领导意志的干扰而改变推广活动的初衷，使得推广活动流于形式，活动效果差。

第三，没有建立完善的阅读推广组织架构体系，缺乏长效机制，活动效果难以得到保障。

（二）阅读推广的主体性不够明确

活动主体的确定对活动的效果有很大的影响，从目前许多地区图书馆阅读推广的活动来看，推广的主体性并不够明确，从而限制了活动效果的提高。在很多地区，图书馆虽然是作为文献汇集的中心，但是却很少作为活动的主办方去组织开展阅读活动。阅读活动主要由其他部门或者社会人士来负责，图书馆在这个过程中，更多的是作为一个联合组织的角色。阅读活动推广的主体性不明确，严重影响了阅读推广活动的效果。

（三）阅读推广活动效果持续性差

图书馆阅读推广活动效果持续性差是一个普遍的问题，其主要原因在于在阅读推广活动中设置的项目不够合理，往往只从提高活动过程中的效果来进行设置，而对活动效果的持续性缺乏长远考虑，导致大部分读者只是为了参与活动而进行阅读，阅读的目的和观念不正确，存在很大的功利性，有悖于阅读推广活动的根本目的。

（四）阅读推广活动与全民阅读缺乏衔接

从目前各地图书馆阅读推广活动的范围来看，往往只是在小范围人群中进行，活动对象也仅限于某个年龄段，而很少在推广活动的内容及活动的参与方式上与全民阅读上进行有效衔接。从少儿图书馆的对外服务对象上看，虽然部分图书馆向社会开放了一些服务，但是往往仅限于一些与图书馆有所渊源的个人或单位。有些图书馆只是在阅读活动期间对外开放，活动结束对社会开放的服务会随之结束。总的来看，图书馆阅读推广活动与全民阅读缺乏有效衔接，很难在更高层次上实现阅读推广活动效果的提高。

七、图书馆阅读推广服务创新

图书馆行业一直关注阅读，而阅读推广属于阅读的管理与服务，图书馆阅读推广本质上就是一种创新服务。进入信息时代后，信息生产和传播方式的改变导致全球范围内的全民阅读行为发生了深刻的变化，图书馆逐渐被边缘化，其知识门户或公共信息中心的地位被动摇。为了应对挑战，图书馆人应将服务营销和推广的理念引入图书馆服务，不断探索各种新的服务方式。阅读推广这种主动介入读者阅读行为的服务就是新探索的结果，而旧有的阅读推广方式已经不能满足当代人的阅读需求，在这样的情况下，图书馆需要进一步创新阅读推广服务方式。

（一）建立基本的组织结构

公共图书馆在建立基础的阅读管理机制时，要强化建立基本的组织结构，安排相应的读书活动，以促进读者的整体发展，相关管理人员要对群众进行正确的阅读引导，不仅要定期安排相应的阅读活动，也要以读书心得的形式促进读者优化其阅读方式。各地公共图书馆的相关管理人员，可以根据地区的发展状况建立相应的阅读推广委员会，保证对当地群众的阅读体验进行优化的辅助，并且利用好当地的基础环境，积极推广相应的阅读活动。对图书馆的发展来说，基本的阅读推广委员会应该融合当地各产业的专业人员，组成具有一定专业素质的领导机构，集中安排相应的阅读推广活动以及创新服务形式，将整体的阅读项目作为地区和图书馆发展的基础动力与物质资源。对各公共图书馆来说，建立阅读推广委员会能有效提高读者的基础阅读素质。

（二）创建基本的服务模式

个人对阅读的需求，最开始是取决于其年少时的教育程度。在人们年少的时候，所受到的教育会对其未来的阅读习惯、阅读频率带来很大的影响。图书馆要建立基础的阅读辅导机构，优化基本的服务模式，对读者进行正向的指导，尤其是年龄较小的读者，辅助他们进一步养成基本的阅读习惯。

图书馆工作人员要针对读者的阅读感受进行指导，引导他们参与阅读、享受阅读，保证读者可以利用良好的阅读体验进行自我能力优化提升。图书馆的相关管理人员，要秉持以人为本的理念建立更加优化的基础服务模式。

（三）创新发展图书漂流角

最早开展图书漂流活动的是德国，倡导人们将自己读过的书放置在统一的位置，别人可以自助阅读，读完之后再进行下一轮的漂流，这样做不仅可以增加人们的阅读经历，也能有效建立人与人之间的信任。

社会上的图书漂流，应以图书馆为主体，具有充沛的环境资源。各地图书馆可以按照相应的种类对图书进行集中分类，将相应的图书安排在相应的图书漂流角。利用创新型的服务结构和服务手段提升社会大众的阅读兴趣，将图书漂流角作为系列活动，吸引读者参与其中。只有发挥良好的带头作用，才能逐渐影响其他的读者，将图书漂流角做得更加系统和规范，从根本上提升整体阅读推广效果和促进服务创新项目的开展。

（四）强化基本的推广活动

在公共图书馆内进行基本的阅读推广和服务创新，首先，要提升相关管理人员的素质。图书馆管理人员要优化对图书推广重要意义的认知，参加相应的图书推广培训，通过基本的思想意识升级，带动整个服务项目行为的创新。其次，图书馆管理人员可以开展面对面的交流活动，根据图书馆自身的发展情况和基本的资金运转能力，邀请相应的书籍作者进行面对面交流，提高读者的阅读意识和阅读体验，从而有效提升群众的阅读体验。

（五）设立基本的自助机构

通常喜欢进入图书馆读书的读者，都会合理利用自己的业余时间。实际上，社会上很多人的空闲时间几乎都由自己支配，自主读书能力是需要被着重培养的，图书馆要依据这一特征建立健全阅读推广的自助机构。管理人员要建立群众自助阅读组织，来辅助读者进行书籍的基础阅读，并对其相应的阅读心得进行集中关注和互动。同时，图书馆管理层要给予图书馆必要的资金支持，辅助图书馆更好地引进相应的书籍，来开展相应的活动。图书馆的阅读推广项目要鼓励读者增大阅读量和阅读范围，对有意义、有价值的图书进行阅读推广。另外，自助机构的建立还能有效提升读者的自主意识，能更好地辅助读者开展阅读活动。

（六）开展基本的阅读交流活动

图书馆要建立健全阅读交流机制，促进读者对自己的阅读感受和阅读体验进行良性的输出，鼓励读者进行群体交流，促进读者建立互相学习的互动模式。

另外，图书馆还可以根据读者的阅读经历进行相应创新型项目的开展，鼓励他们建立多样化的阅读交流体系，图书馆的相关管理人员要充分利用读者的思想特质，建立健全相应的交流机构，辅助他们在交流中提升自身的阅读素质。在设计基础交流活动时，不需要过多的华丽设置，只要增设相应的交流场地，利用最为平实的交流体系，从而促进读者提升实质的阅读交流体验感。

八、图书馆阅读推广服务机制

（一）图书馆阅读推广机制创新

机制是指有机体的构造、功能及其相互关系，泛指一个工作系统的组与或部分之间相互作用的过程和方式。机制对外有输入、输出，对内有信息反馈。

1. 创新阅读推广制度建设

（1）推动阅读推广法治化、制度化。首先，在政府层面，通过推动全民阅读推广工作法治化，将市民阅读权利上升到法律层面，明确政府在全民阅读活动中要更好地保障市民的阅读权利，同时显示出各级政府对阅读推广的法治化建设高度重视。

其次，各图书馆应当重视阅读推广制度建设，尽快实现从无到有、从有到优，建立并完善阅读推广制度。具体来讲，就是要将阅读推广列入本馆规章制度，甚至细化到工作规范当中，根据当地全民阅读发展的实际情况和自身资源状况，实事求是制订本馆的阅读推广发展规划，建立长效工作机制。图书馆阅读推广制度建设，不仅有利于增强全馆阅读推广工作决策的科学性和统筹性，也有利于体现针对全馆阅读活动的组织性和指导性。

（2）创立阅读推广活动机构。首先，图书馆要将阅读推广作为全馆的主要业务、核心业务。定位越清晰，工作目标就越明朗，有利于更进一步转变工作思路，可持续性地开展阅读推广工作。

其次，成立独立的常设阅读推广部门，以此作为全馆阅读推广活动的管理责任部门，负责全面推进和管理阅读推广活动的相关工作，充分发挥对阅读推广的服务、组织、指导和协调作用，保障各项阅读推广活动的高效、顺利开展，实现常态化开展阅读推广活动。

2. 创新阅读推广合作机制

合作机制是一个比较宽泛的概念，图书馆要创新阅读推广机制，就要结合其他的社会力量，创新合作机制，共同推进阅读推广工作的展开。

（1）图书馆和社会组织。社会组织是一个特定的概念，特指在政府与企业之外，向社会某个领域提供社会服务，并具有非营利性、非政府性、志愿公益性或互益性特点的组织机构。图书馆与社会组织有着"双向驱动"的合作意愿，容易取得互补双赢的合作效果。社会组织通过资源支持、项目合作等形式参与图书馆公共服务，不仅有助于提升图书馆公共服务质量、创新图书馆阅读推广的工作机制，也有助于弥补政府公共文化供给的不足，彰显社会组织的价值追求。

（2）图书馆和家庭。家庭既是服务的对象，也是服务的参与方。通常情况下，图书馆通过完善的前期调查研究，制定完整的家庭阅读大纲以指导家庭阅读，不仅涉及孩子，也包括对家长的培训。

（3）图书馆和学校。图书馆应该加强与学校之间的合作，共同向家长、学生强调阅读的重要性，并借助图书馆的丰富资源，引导家长和学生对阅读产生兴趣，或者与学校建立文献资源互相流通制度，联合开展家庭阅读指导，切实推动家庭阅读。

（4）图书馆和社区。作为居民身边的图书馆，社区图书馆离家较近，看书、借书方便，服务灵活，本应受到居民热捧，但一直以来，全国各地众多社区图书馆大都处于建设和管理薄弱、阅读环境不佳、利用率偏低的窘境。为了改变这一境况，各级公共图书馆应该加强与社区的合作，在人力、财力、资源和服务等方面给予社区图书馆更多的实际支持和指导。

（二）新时期图书馆阅读推广机制构建

1．健全阅读推广组织机制

很多图书馆的阅读推广工作之所以不能够长久有效地开展，是因为没有建立相应的组织机构来统筹指导、协调安排各方面工作。建立健全阅读推广组织机制，有助于各地区图书馆在阅读推广工作中协调地方各部门的工程统筹开展阅读推广活动、合理利用各级各类资源，使阅读推广活动能够得到专业的指导、得到真正落实，从而提高阅读推广活动的效率，真正达到促进读者阅读、丰富社会阅读文化内容建设的目的。

地方的阅读推广工作要由图书馆牵头，设立以图书馆为主体的阅读推广工作委员会，致力于研究各年龄段读者的阅读状况、阅读特点、阅读需求等，制订出符合不同年龄段读者特点的阅读推广方案，组织一系列有针对性的阅读指导工作，协助各群体成立读书协会、读书学会等阅读组织，丰富并充实阅读推广活动的参与主体，使读者不仅成为阅读推广活动的受益者，也能成为阅读推广活动的积极参与者。因此，建立健全阅读推广的组织机制，是新时期各地图书馆阅读推广工作有效开展的重要保障。

2．建立阅读推广长效机制

阅读推广是通过开展一系列人们喜闻乐见的推广活动，激发人们阅读意识、培养人们阅读习惯的活动。行为心理学研究表明：习惯是一种行为的不断重复地形成。阅读习惯同样要经过不断地重复，使之成为一种潜在的需要，进而成为一种稳定的习惯。因此，图书馆阅读推广工作要想取得成效，不是一次、两次阅读推广活动就能实现的，一定要建立阅读推广工作的长效机制。各地公共图书馆要把阅读推广工作作为常规工作来抓，使之常态化、长效化、树立长效意识、建立反馈机制、制订长期规划，形成阅读推广的长效机制，通过开展图书漂流、微书评等活动，使阅读推广活动无时无处不在，成为建设"书香社会"的重要力量，这是解决阅读推广活动浮于表面的重要举措。

3．完善阅读推广合作机制

阅读推广的合作机制是指各地区公共图书馆在新时期打破传统各自为政的阅读推广模式，通过加强与周边地区其他图书馆或公共图书馆的协作，创建阅读推广区域馆际联盟，制定区域联盟阅读推广相关制度，逐步完善区域内阅读推广的合作机制，形成阅读推广活动的规模效应，协调区域内各联盟成员馆开展联合的阅读推广活动，从而发挥区域联盟的联动效应，最大限度地扩大阅读推广活动的影响力。

具体来说，以微阅读为例，各地公共图书馆阅读推广区域联盟通过建立联盟馆阅读推广微平台，分享、转发联盟馆微平台发布的微推荐、微阅读、微讲座、微书评等读者（尤其是年轻读者）乐于接受的推广内容，不仅可以节约活动成本，还能提升阅读推广活动效果。

4. 建立创建阅读推广品牌机制

推广就是扩大事物的使用范围及影响范围，阅读推广则是将阅读活动推向更广的范围，使其参与的人数更多，影响的范围更大。新时期，如果把阅读推广活动当作图书馆的一个品牌来抓，提升阅读推广的品牌理念，使阅读推广成为"书香社会"的特色品牌，一定能产生很大的品牌效应，引起更多读者的关注，从而达到推而广之的目的。品牌的打造需要时间的积淀和服务的积累，这对图书馆来说，既是挑战也是机遇。各地公共图书馆要勇于自我加压，在创建阅读推广品牌的推动下，完善阅读推广手段、提升阅读推广水平、扩大阅读推广的影响范围。

5. 加强阅读推广评价机制建设

建立阅读推广的评价机制是新时期阅读推广活动有效开展的重要保证。图书馆应建立一套基于读者视角的阅读推广活动评价机制和反馈体系，通过追踪读者的知晓度、参与度、满意度、认可度等相关要素，了解读者感知和参与阅读推广活动的程度，以便更好地引导新时代图书馆阅读推广活动的开展，及时调整阅读推广活动方案。

（三）创新阅读推广活动机制

图书馆的作用既非常重要，同时又存在一系列问题，要想促进阅读推广活动的发展和完善，就需要各地区图书馆不断加强机制研究和创新。要想创新机制，首先，需要创新理念。图书馆的管理人员需要将推广社会阅读作为自己的使命。公共图书馆作为社会文化的集散地，更应该充分认识到推广阅读活动的重要性。只有从思想上端正了认识，才能提高读者的阅读兴趣和能力。

其次，进行社会阅读推广活动机制创新，一方面需要致力于阅读推广服务平台的建设，另一方面要积极引导社会各种力量共同参与构建阅读推广运作机制。

1. 推广服务平台建设

图书馆是社会文化建设的一部分，是包容性最强的文化空间，同时也是图书推广活动重要参与机构，它在馆藏资源、设备、服务等方面保证着阅读推广活动的开展。不管是社会群众组织还是图书馆自身举办图书推广活动，图书馆都可以借助自身丰富的馆藏资源提供充足的文献资源保障，建立推广活动平台，完善推广活动功能。

2. 建立各种力量共同参与的运作机制

第一，加强图书馆与各级地方政府部门、群众组织、各类网站、媒体合作。图书馆阅读推广活动不仅需要图书馆本身进行，还需要进行宣传。例如，开展文化大讲堂活动进行图书阅读的推广，通过邀请高校资深教授或者专业教师参与，通过群众组织、网站和其他媒体通力合作机进行积极的宣传，让更多乏读者了解和参与，提高文化大讲堂的知名度和影响力。

第二，及时补充所需图书，方便阅读，满足不同群体的阅读需求，为用书推广活动打下坚实的基础。这一工作的完成，需要图书馆管理人员扎实工作，认真仔细做好本职工作。

第三，积极引进图书馆阅读推广活动策划人员参与图书馆管理事业。目前，我国图书馆管理人员思想较为固化，专业背景单一，视野不够开阔，没有图书推广活动的策划的技能和经验，需要积极引进图书阅读推广活动策划人员，发挥他们的专业技能，实现低成本、高参与度、大影响力的目标，最终提升读者的阅读兴趣。此外，目前我国公共图书馆的阅读推广机制是实行招标的形式，通过向社会招标来获得策划和推广项目安排，可达到最大程度地获得社会资源优势。

第二节　民间阅读力量与图书馆推广

一、民间阅读力量的概述

阅读动力源自民间。民间阅读组织机构的蓬勃发展，是近年来最引人注目的一个社会文化现象，其主要是以民间读书会和民间图书馆的形式存在。

中国民间阅读组织的早期形态可追溯至春秋时期，孔子及其弟子经常聚集在一起讨论和学习，这是中国古代民间读书会的雏形。受中国古代传统文化影响，逐渐形成了"文人雅聚""以文会友"的传统，重在相互切磋，取长补短。至宋元明清，这种聚会一直延续不断，参加者大都是琴棋诗画茶酒皆精，且无意于仕途的文人雅士。鸦片战争以后，西学东渐，民族意识觉醒，一批具备世界视野、公民意识与公共情怀的中国新知识分子的阅读聚会更积极地投入对公共领域的关注和批判。典型代表是梁启超和康有为等建立的"强学会"。该学会以"群中外之图书器艺，群南北之通人士，讲习其间，因而推行于直省焉"为目的，并广募义捐，建立了新型的图书机构——强学会书藏。五四运动与新文化运动时期出现的民间阅读社团大多带有浓厚的政治色彩。中华人民共和国成立之后，读书会成为团体组织学习生活的重要组成部分，这类读书会并非纯粹的自发性组织或民间组织，个体阅读兴趣和意愿不是组织读书会的主要动力，而更多的是团体和组织集体学习的一种手段和方式。到二十世纪七八十年代，具有现代意义的民间读书会最先在我国台湾萌芽。新兴读书会更注重自我成长，对会员学历层次无硬性要求，相互之间平等、友爱、合作和共享。

民间阅读组织是指非政府组织成立的、在政府财政拨款之外的、以阅读为核心的社会机构或组织，主要由相关部门或企事业单位推动建立，多具有独立的法人资格，如非政府组织，读书会、阅读社会团体、民间基金会等，是推进全民阅读的重要社会力量。

近年来，中国民间公益阅读组织发展迅速，组织形式包括致力于学校推广、社区推广的民间阅读公益组织，以及借助于网络平台推广的机构等。民间阅读组织依据资源及专业优势融入市民生活，在亲子阅读、国学推广，阅读推广人培养等方面成绩显著，在一定程度上产生了凝聚效应与示范效应，但也开始出现区域内阅读推广活动同质化趋势。为避免出现同质化，解决单个机构宣传效果不佳、创新后劲不足等问题，以公共图书馆为主力的全民阅读组织尝试构建民间阅读组织联盟，统筹协调、资源共享，集众人之力提升阅读推广活动的辐射面与影响力。

对个人而言，阅读可以极大地丰富和增长知识，丰富人们的精神文化和生活；对城市而言，各类阅读活动的举办可以使该城市焕发和涌现出强大的文化创造力，推动城市不断地持续进步和发展；对国家而言，阅读活动的举办可以极大地提高其国民素质，提升一个国家的文化水平。

二、图书馆民间阅读力量联盟的发展现状

民间阅读组织联盟是将民间阅读自组织或相关阅读小团体聚集起来，组建阅读共同体。阅读推广联盟可按照地域范围、联盟成员属性、读者对象差异、主导性质等进行类型划分，如按主导机构性质可划分为图书馆主导、政府主导、阅读团体主导的阅读推广联盟。图书馆民间阅读组织联盟的范畴属于由图书馆主导，与各单位、社会团体、民间阅读组织等建立伙伴关系而形成的联盟。

当前，我国以公共图书馆为主导的民间阅读组织联盟运作方式包括以下几种。

一是因地制宜，针对实施目的形成可操作性较强的管理模式。例如，东莞阅读联盟、佛山阅读联盟、广州公益阅读都是有专人负责的项目制管理方式，三明公共图书馆（家·阅读）服务联盟设立了30多个阅读推广专业委员会保障服务环境，夯实了管理结构。

二是跨界融合，立足图书馆优势资源，探索立体化开发主题式阅读，进行多元化呈现和多媒介推广。例如，温州读书会联盟与社会力量携手搭建"空间＋活动＋读者＋平台"，探索共建共享型读书会资源体系。

三是深挖内容，打造公益阅读品牌项目，关注少儿阅读、社会教育、非遗保育、特殊群体服务等内容，发挥品牌持续效应。

四是树立发展思维，灵活调整社会化合作形式。例如，通过创投项目合作形式优选好的合作单位或阅读推广项目，通过政策驱动、示范带动等方式规范社会力量参与公共文化建设，促进各社会主体和阅读项目的发展。

三、图书馆民间阅读力量联盟建设的策略研究

（一）政府支持，组织健全，常态化运作保持联盟活跃度及发展持续性

在政府层面，公共图书馆民间阅读组织联盟的发展离不开政府的强有力支持，公共图书馆要积极争取政府在政策指导、顶层规划、组织架构、经费划拨等方面的支持，从而保障民间阅读组织联盟健康有序地发展。在公共图书馆层面，公共图书馆可以牵头成立组织健全、制度清晰的联盟运

营团队，也可通过团体注册形式使联盟运作更加正规化、合法化。例如，吉林省全民阅读协会、成都市阅读协会等均是以阅读协会的形式完成了民间组织注册。制订融入区域文化发展的图书馆民间阅读联盟发展计划，统筹规划民间阅读组织联盟成员的未来发展，可参考英国图书馆馆长协会的英国国家公共图书馆的读书会发展计划，建立一个国家框架帮助图书馆开展本地读书会工作，因地制宜地为不同读书会提供不同级别的发展计划及资源支持，帮助其打造核心能力。

（二）求同存异，探索建立异质性联盟成员基层服务点

图书馆主导的民间阅读组织联盟能够统筹各类联盟成员，有效维系图书馆、教育机构、社会性阅读推广机构、基金会等阅读团体及个人建立的阅读伙伴关系网络，合力助推全民阅读。因此，为稳固联盟关系，公共图书馆可将资源布局到各联盟点，将其作为图书馆总分馆服务体系的强有力补充，探索异质性阅读推广联盟模式，将医院、学校、企业等纳入民间阅读组织联盟，共建优势互补的多元化服务网络。例如，三明公共图书馆（家·阅读）服务联盟将联盟点拓展到科协、妇联、、中小学等，形成了机构、家庭、校园等阅读服务分中心；江阴市图书馆主导的"三味书咖"城市阅读联盟在咖啡馆建立联盟服务点，社会成效显著；杭图科技分馆主导的"书香科技城"民间阅读组织联盟在吉利汽车、华为杭州研究所、金绣国际科技中心等科技企业或产业基地建立了 150 余家"企业书房"式阅读联盟点，有效扩大了服务范围。

（三）借势发力，打造图书馆联盟品牌化、专业化阅读项目

公共图书馆可借图书馆联盟之势吸收区域社会力量，以民间阅读组织联盟为创新载体，通过引入少儿阅读、社会教育、非遗国学等优质阅读项目，塑造阅读品牌，活跃联盟氛围，提升联盟影响力。例如，上海图书馆牵头联合江浙沪皖多家公共图书馆举办"长三角阅读马拉松"大赛，协作打造年度团体阅读盛会。

此外，与电视台合作也有助于打造优质阅读品牌，提升联盟影响力。例如，成都市阅读协会主办的大型读书电视专题节目"书香成都"，通过成都电视台与观众分享优秀书籍，并通过 App 及多家互联网音视频网站同步推送。

（四）协作共享，线上线下融合增加联盟成员黏度

菜根读书会、沪上读书会等互联网"打卡式"读书会，用任务打卡、抱团阅读的方式督促参与者阅读。

公共图书馆民间阅读组织联盟可借鉴互联网读书会模式，构建联盟网络技术平台，开辟线上服务渠道，增强成员黏度。例如，深圳市阅读联合会协助各种阅读组织建机制搭平台，提供网络服务，有效推动了深圳区域内阅读资源的整合与共享；广州阅读联盟利用微信公众号"广州公益阅读"发布线下活动信息，开展线上阅读推荐；有 200 多家媒体参与的中国全民阅读媒体联盟，利用其微信公众号"全民阅读媒体联盟"不仅在线上组织阅读活动、提供阅读服务，还大力宣传、详细报道其线下活动，线上线下融合模式有效提升了联盟成员的黏度。

第三节　阅读联盟的推广

随着阅读推广活动的深入进行，图书馆联盟成为最有力的推广手段，同时也是唤醒公众阅读意识的关键所在。在互联网和电子信息技术飞速发展的新时代背景下，电子阅读、移动阅读等形式逐渐取代了纸质阅读，使得公众本就消沉的阅读兴趣进一步降低。

图书馆联盟构建最基本的要求就是以信息技术为抓手，整合各个图书馆资源，进而推动图书馆管理模式的升级，有效唤起公众的阅读兴趣。此外，图书馆联盟的另一优势在于实现资源互补，吸引更多公众参与到阅读中来，推动阅读推广活动落地。

总之，图书馆联盟的构建，可以整合地区图书馆资源，构建以强带弱、以上带下的阅读推广格局，发挥公共图书馆的社会教育属性。

一、新时期背景下图书馆阅读推广工作的特点

（一）新媒体成为主要推广途径

在新时代背景下，越来越多的新媒体工具的使用在各个领域广泛普及，也改变了公众的阅读方式，其凭借着快捷、碎片化等特点，受到用户的青睐。新媒体工具使得公众的阅读习惯和方式发生改变，成为众多图书馆开展阅读推广活动的重要工具。

从当前使用情况来看，新兴媒介颇受图书馆喜爱，是图书馆适应社会新变化的重要体现。

（二）阅读推广范围不断扩大

图书馆本身就具有丰富的馆藏资源，不仅可以为用户提供纸质图书服务，也可借助各种先进的技术，如远程控制技术、大数据挖掘技术、云计算等，让用户随时随地可以获取其所需信息，图书馆服务领域将进一步扩大。与此同时，图书馆可以借助大数据、云计算、物联网等新兴技术，挖掘用户需求，实现精准推送，提高服务针对性，满足不同层次、群体用户的阅读需求，帮助用户掌握更多有效信息，进而提高其阅读兴趣。

（三）阅读推广方式更加丰富

新时期，图书馆开展阅读推广的方式呈现出多样化特点，服务层次更加丰富，不仅推动了传统阅读模式的改革创新，同时亦有助于构建完善的知识传输体系。当前，图书馆阅读推广方式不仅多元化，如微信公众号、微博、官方网站、电视媒体、社区广告、短视频 App 等，还可以根据用户需求对推广方案进行调整。阅读推广内容除馆藏资源外，还涉及网络资源。因此图书馆在开展阅读推广时，还应当与社会其他部门合作，形成合作效应，共同推动阅读推广活动的开展，吸引更多社会人士参与其中，形成联动效应，扩大推广范围。

二、新时期图书馆联盟协同开展阅读推广的优势

（一）可有效整合联盟资源

对打造区域性阅读推广品牌而言，加强区域内公共图书馆资源整合是有效手段，可针对现有的阅读推广主题活动，搭建起更广阔的推广平台，通过联盟体系内成员的共同策划，发挥各自图书馆在宣传、馆藏等方面的资源优势，逐步形成联盟特有的阅读推广品牌，在区域内形成良好的阅读氛围，让读者在潜移默化中养成阅读习惯。

（二）可拓宽阅读推广经费渠道

阅读推广活动是否能够发挥出应用的成效，在很大程度上受限于经费，若经费充足，活动成效就会更加明显。公共图书馆作为公益性事业单位，

经费多来自财政划拨，因此必须要拓展经费来源渠道。通过联盟体系构建，一方面可提高区域主管部门的重视，另一方面也有助于整合各图书馆经费，同时吸引社会其他主体的关注，凝聚各方财力、物力，以此来改善经费不足的困境。

（三）可有效提升区域公众影响力

要想提高阅读推广活动品牌的知名度，就必须要扩大活动范围。联盟体在这方面具有明显优势，可以为阅读推广活动提供有力支持。图书馆联盟成员多以省为单位，来自不同市县，通过联盟这一平台，成员之间可相互交流，实现信息互通。一方面，可以汲取其他图书馆先进的推广经验和模式，改进自身不足；另一方面，可将联盟特色阅读推广品牌传播到其他地方，在各个联盟体之间形成传播效应，从而推动阅读推广的全面覆盖，提升活动影响力。

三、图书馆联盟阅读推广实践

（一）拓展经费渠道，确保推广成效

公共图书馆作为公益性事业单位，经费多来自财政拨款，为更好地推进阅读推广工作的开展，就必须要解决当前资金短缺的问题，因此拓展经费渠道是图书馆联盟首要解决的问题。

具体而言，可以从以下两方面入手。

一是与其他单位合作，协同推进阅读推广活动。例如，图书馆可与当地新华书店开展"你读书，我买单"推广活动，通过书店提供书籍，帮助图书馆节约推广成本，在为书店做了良好宣传的同时，亦使得读者借阅书籍的种类、形式更加多样。

二是与当地政府部门合作，依托政府开展宣传活动，提高阅读推广的可信度。图书馆可结合政府部门推广的各类文化活动，如文化旅游节、桃花节、庙会、美食节等，开展送书下乡活动，结合政府宣传，扩大图书馆社会效应，收获显著成效。

此外，图书馆还可以通过政策倾斜来吸引社会各界赞助、投资阅读推广活动，从而解决经费短缺问题，确保阅读推广成效显著。

（二）丰富活动内容，打造服务品牌

图书馆联盟可充分挖掘和掌握读者真实需求，利用各大时间节点，如

"世界读书日""图书馆服务宣传周""五一""十一"等，针对性开展主题推广活动。各联盟图书馆结合自身实际情况，遵循"资源共享、差异对待"的原则，充分利用自身资源优势，创新服务内容，开展出具有本馆特色的推广活动，加强品牌建设，推动联盟特色品牌的打造。值得注意的是，省馆作为联盟牵头馆，需要在推广主题上下功夫如以传统节日为契机，开展"关爱农民工·书籍送温暖"活动，在收获良好社会效应的同时，激励农民工奋发图强，给他们带去温暖与关爱。

（三）营造全民阅读的社会氛围

在新时代背景下，图书馆联盟必须要创新阅读推广方式，在持续做好传统宣传方式的同时，加大对新媒体推广方式的探索力度。对新媒体网络普及度较高的地区，图书馆联盟可利用微信公众号、微博等方式开展阅读宣传活动，各分馆应在总馆的统一安排和调度下，结合地方文化资源，建立长效的联盟推广机制，推出主题多样、特色鲜明的阅读活动，采用传统的"阅读周"改为"读书月""读书季"等形式，让更多公众能够享受数字阅读带来的便捷与高效，体验移动阅读、网络写作等新媒体阅读服务。图书馆联盟体应着手建立数字图书馆，推送馆内数字资源向馆外延伸，为读者提供更加便捷的查询、浏览服务，让读者享受和体验阅读乐趣，由此营造浓郁的阅读氛围。

全国各地图书馆应积极开展阅读推广活动，并逐渐形成推广品牌，要想在众多品牌中胜出，依靠单个图书馆的力量难以实现。在区域图书馆联盟的统一规划和协调下，可以发挥联盟资源优势，挖掘读者阅读需求，推动各馆资源整合，面向不同读者群体精准推送图书及活动信息，创新阅读形式，完善推广品牌的特色，从而吸引更多公众参与其中。通过联盟性品牌活动为读者与图书馆之间的沟通搭建平台，带动区域内能力较弱的图书馆共同发展，真正形成以强带弱，构建以上带下、上下联动的推广格局，切实发挥出图书馆的社会育人作用，推动阅读推广活动有序开展，为建设学习型社会助力。

参 考 文 献

[1] 丘东江. 图书馆学情报学大辞典[M]. 北京：海洋出版社，2013.

[2] 董隽，宋戈，张毅宏. 图书馆与图书馆学简论[M]. 兰州：兰州大学出版社，2013.

[3] 邱均平，沙勇忠. 信息资源管理学[M]. 北京：科学出版社，2011.

[4] 吴慰慈，董焱. 图书馆学概论（修订二版）[M]. 北京：国家图书馆出版社，2008.

[5] 肖希明. 信息资源建设[M]. 武汉：武汉大学出版社，2008.

[6] 程焕文，潘燕桃. 信息资源共享[M]. 北京：高等教育出版社，2004.

[7] 杨磊. 浅析图书馆阅读推广存在的问题与对策[J]. 黑龙江档案，2023（1）：324-326.

[8] 李玲丽. 公共图书馆民间阅读组织联盟建设探索与实践：以杭州图书馆科技分馆"书香科技城"民间阅读组织联盟为例[J]. 河南图书馆学刊，2021，41(10):16-19.

[9] 李东来. 公共图书馆服务体系发展新阶段的认知与思考[J]. 国家图书馆学刊，2019，28（5）：89-92.

[10] 李振杰. 学深悟透好经验，撸起袖子加油干 在陕西省国家公共文化服务体系示范区图书馆馆长创新服务研修班结业仪式上的讲话[J]. 当代图书馆，2019（3）：75-76.

[11] 张嘉. 图书馆阅读服务的馆员素质提升策略[J]. 现代经济信息，2019（1）：396-398.

[12] 秦丽娜. 天津市区级公共图书馆总分馆制建设难点及对策研究[J]. 图书馆工作与研究，2019（增刊）：16-21+26.

[13] 邵甫青. 《公共图书馆宣言》在中国[J]. 公共图书馆，2019（4）：69-74.

[14] 吴勇毅. 加速公共数据开放全力打造"上海样板"[J]. 上海信息化，2019（11）：10-16.

[15] 石彩霞. 关于信息化背景下文书档案管理工作的探究[J]. 现代经济信息，2018（10）：166.

[16] 郭春兰. 政府集中采购背景下公共图书馆提升图书采访质量探讨[J]. 中

国中医药图书情报杂志，2017，41（5）：35-37.

[17] 梁灿兴. 新知识交流论（下）：图书馆是私域交流与公共交流连接的枢纽[J]. 图书馆，2014（2）：1-3.

[18] 傅秀兰，曾湘琼. 图书馆知识管理学说的梳理与评析[J]. 图书馆工作与研究，2011（8）：23-26.

[19] 阮胜利. 图书馆治理结构研究：人文词源、人本规律、构想形态、问题实质[J]. 图书馆学研究，2011（1）：49-53.

[20] 刘炜. 知识组织：图书馆职业的核心能力[J]. 国家图书馆学刊，2010（2）：32-37.

[21] 葛园园. 国内图书馆学研究对象"知识流派"评析[J]. 图书情报工作，2010，54（11）：123-127.

[22] 于良芝. 走进普遍均等服务时代：近年来我国公共图书馆服务体系构建研究[J]. 中国图书馆学报，2008（3）：31-40.

[23] 刘占辉，刘俊杰. 关于建立全国图书馆图书采购协调监管机制等问题的议案[J]. 图书与情报，2008（1）：59-62.

[24] 张虹. 图书馆编目工作的演变和社会化发展[J]. 河南科技，2008（7）：32-33.

[25] 周德明. 关于上海市公共图书馆服务体系建设与完善的思考[J]. 图书馆杂志，2007（5）：32-37.